HTML5与CSS3
网页设计项目教程

孙海曼　凌杰 ◎ 著

人民邮电出版社
北　京

图书在版编目（CIP）数据

HTML5 与 CSS3 网页设计项目教程 / 孙海曼，凌杰著.
北京 ： 人民邮电出版社，2025. -- ISBN 978-7-115
-66899-8

Ⅰ. TP312.8；TP393.092.2

中国国家版本馆 CIP 数据核字第 2025Y0A506 号

内 容 提 要

本书旨在通过模拟实际生产环境中企业网站设计的基本流程，系统介绍 HTML5 和 CSS3 及相关框架在网页设计中的应用。本书内容包括企业的线上名片设计、企业网站的首页设计、企业网站的"新闻动态"页设计、企业网站的"产品展示"页设计、企业网站的"申请加盟"页设计 5 个核心项目，有助于读者在实践中掌握页面布局、色彩搭配、图片处理等方面的网页设计技能。

本书适合对 Web 前端开发感兴趣的初学者、计算机专业的学生和从事网页设计的在职人员阅读。

◆ 著　　　　孙海曼　凌　杰
　　责任编辑　谢晓芳
　　责任印制　陈　犇

◆ 人民邮电出版社出版发行　　北京市丰台区成寿寺路 11 号
　　邮编　100164　　电子邮件　315@ptpress.com.cn
　　网址　https://www.ptpress.com.cn
　　三河市祥达印刷包装有限公司印刷

◆ 开本：787×1092　1/16
　　印张：10.25　　　　　　　　2025 年 10 月第 1 版
　　字数：232 千字　　　　　　 2025 年 10 月河北第 1 次印刷

定价：49.80 元

读者服务热线：(010)81055410　印装质量热线：(010)81055316
反盗版热线：(010)81055315

前　　言

在当前面向 Web 前端领域的培训中，部分教程将主要精力放在了 JavaScript 语言的使用上，而对 JavaScript 语言在前端编程场景中要操作的 HTML/XML 文档、CSS 及相关框架的使用方法的介绍过于简单。受这种方式影响的前端工程师在实际工作中往往只能以 JavaScript 编程的视角来理解前端项目需要完成的任务，即如何调用文档对象模型（Document Object Model，DOM）和浏览器对象模型（Browser Object Model，BOM）等提供的应用程序接口（Application Program Interface，API）来向 Web 应用程序的后端发送请求，并解析其在前端返回的响应数据。而至于如何使用 HTML/XML 合理安排用户界面的结构，如何使用 CSS3 来设置用户界面中所要呈现的界面元素，他们往往知其然而不知其所以然，最后不得不求助美工人员或者购买美工人员提供的网页设计模板，而这又会给项目团队带来额外的开销。

本书旨在解决上述问题。本书将介绍如何在 Web 前端开发项目中使用 HTML5 和 CSS3 及相关框架来完成网页设计的部分任务。

就具体内容而言，本书包含 5 个网页设计项目，每个项目都对应企业网站开发过程中的一个具体需求。

在项目 1 中，要为一家名为"凌雪冰熊"的新创饮料店设计线上名片。

在项目 2 中，以凌雪冰熊饮料店的需求为例，演示如何完成企业网站的首页设计。

在项目 3 中，继续以凌雪冰熊网站为例，演示如何为企业网站设计"新闻活动"页。

在项目 4 中，继续以凌雪冰熊网站为例，演示如何为企业网站设计"产品展示"页。

在项目 5 中，继续以凌雪冰熊网站中"申请加盟"页的设计为例，演示如何为企业网站设计用于提交数据的表单页。

由于本书主要介绍如何在实际生产环境中基于 HTML5 和 CSS3 以及 Bootstrap 框架来完成网页设计任务，因此笔者会假设读者已经掌握了使用 Bash 或 Powershell 等命令行工具操作计算机的基本方法，以及使用版本控制工具 Git 管理项目的方法。另外，笔者在本书中会尽可能地避免使用 JavaScript 和 Python 等编程语言。如果读者想要了解与 Web 应用程序前后端编程相关的这些技术，则可以在阅读完本书，并确认掌握了 HTML5 和 CSS3 及其相关的基础知识后，阅读相关的图书。

当然，网页设计领域的框架众多，而且更新速度快，这意味着等到本书最终出版之时，读者在 Bootstrap 框架之外很有可能已经有了更好的选择。基于"授之以鱼不如授之以渔"的原则，本书的真正目的是希望帮助读者掌握学习任意一种网页设计框架的能力。

如果要学好并熟练掌握一项计算机技术，最好的办法就是尽可能地在实践中使用它，在实际项目需求的驱动下模仿、试错并总结使用经验。建议读者自己动手实现本书中的项目，将自己想要执行的代码输入计算机中，观察它们是如何工作的，再试着修改它们，并验证其结果是否符合预期。如果符合预期，则总结经验；如果不符合预期，则思考应该进行哪些调整。如此周而复始，才能事半功倍。

最后，感谢正在阅读的您选择了本书，希望它能够帮助您更好地掌握 HTML5 和 CSS3，并在实际应用中得到提升。

凌杰

目 录

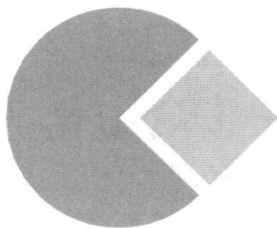

项目 1 企业的线上名片设计

企业的线上名片设计项目在网页设计领域中属于卡片式页面设计项目，此类项目主要用于为企业（或个人）提供联系方式。一方面，它可清楚地展示企业或个人的基本信息和联系方式，方便客户将其快速保存到通信录中；另一方面，它可以方便地展示企业的 Logo、简介、主营产品等信息。

【学习目标】

初步了解完成网页设计工作所要执行的基本步骤，以及执行这些步骤所需掌握的基本知识。总而言之，在完成本项目之后，读者应该能够：

- 了解在网页设计工作中需要用到的基础技术；
- 构建进行网页设计工作需要的软件环境；
- 掌握构建网页设计项目所需执行的基本步骤。

【学习场景描述】

现在，假设你是一名刚进入职场的网页设计师，接到的第一个项目是为一家名为凌雪冰熊的新创饮料店设计网页版的线上名片。在这家饮料店创立之初，创业者要做的事非常多，在这个时期虽有宣传的急迫需求，但通常既无时间又无资金来创建一个完整且专业的主页型网站来展示自己的企业。在这种情况下，先花十几分钟设计一个只包含简单信息的网页，然后将它作为企业的线上名片发布在互联网上也不失为一种权宜之计。另外，这样做可以为将来正式的首页准备服务器、URL 等资源。

【任务书】

- **项目名**：制作凌雪冰熊饮料店的线上名片。
- **委托方**：凌雪冰熊饮料店。
- **项目资料如下。**

- 地址：上海浦东新区某某路×号。
- 电话号码：123-456-7890。
- 电子邮件：message@snowbear.com。
- 企业 Logo：如图 1-1 所示。

▲图 1-1　凌雪冰熊的 Logo

- **项目要求**：设计一个能用于推广新创工作室的网页，该网页应符合以下要求。
  - 该网页包含该饮料店的 Logo、地址、电子邮件与电话号码等基本信息。
  - 该网页的外观需要有现实世界中名片的基本形态，即它应该有一个矩形边框。
- **时间要求**：在 1 个工作日内完成。

【任务拆解】

整个网页设计项目可以划分为以下 3 个小任务。

- 创建一个网页设计项目，并根据委托方提供的资料确定项目的目录结构。
- 编写一个 HTML 文档，以便定义网页的结构及其要呈现的信息元素。
- 设计网页的外观样式，让网页以类似于现实世界中名片的形态呈现给用户。

【知识准备】

HTML 和 CSS 是开发者在网页设计工作中必然会用到的计算机标记语言，前者用于定义网页的内容结构，后者用于定义网页的外观样式。在具体实施本项目之前，读者要初步了解一下这两门语言以及它们各自采用的标准版本，并配置开展网页设计项目的工作环境。当然，如果读者认为自己已经掌握了这部分知识，可自行跳过这些内容，直接进入本项目的【工作实施与交付】环节。

知识点 1：HTML 基础

超文本标记语言（HyperText Markup Language，HTML）是一门用于描述网页的文档结构及其内容的标记语言，因此网页通常被称作 HTML 文档。该标记语言的主要作用是将网页描述成一个树状的数据结构，以便网页浏览器将其解析成可被 JavaScript、VBScript 等语言识别的对象模型，这样人们就可以用编写代码的方式来对网页进行操作了。在本书中，按照 HTML5 的标准，定义网页的文档结构及其要显示的内容。该标准赋予了 HTML 在面对富媒体、富应用及富内容时强大的描述能力，这将有助于设计出信息量更丰富的网页。

HTML 是一门计算机标记语言，这意味着学习 HTML 的主要任务就是学会如何使用一系列带尖括号的语法标记。为了使用这些语法标记，这里先介绍一些基本概念。

下面的伪代码用于演示 HTML 标记的用法。

```
<tag name="example">
    需要使用 tag 标记定义的内容
</tag>
```

在上述伪代码中，定义了一个名为 "tag" 的元素，<tag>和</tag>是用于创建该元素的标记，<tag>被称为开始标记，</tag>被称为结束标记，而 name 定义的是该元素的属性，它们之间的关系具体如下。

- **标记**：HTML 中基本的语法单元，由一系列用尖括号包围的关键字（如前面的 tag，这些关键字通常被称为 "标记名"）组成，用于定义 HTML 文档的基本结构及其要显示的内容。
- **元素**：HTML 文档的基本组成部分，通常情况下由一个开始标记和一个结束标记定义（少数元素也可使用单一标记来定义），这对标记之间的内容通常将作为 HTML 文档的一部分显示在浏览器上。
- **属性**：HTML 元素的重要部分，通常出现在被定义元素的开始标记中，并被放置在标记名之后，如果存在多个属性，则以空格分隔，其作用是告诉浏览器如何解析当前标记定义的元素。

在掌握了以上 3 个基本概念及它们之间的关系之后，开始学习在网页设计工作中常用的 HTML 标记及其作用。本书将会结合项目讲解这些标记的具体使用方法。以下是本项目将会用到的 HTML 标记。

- **<!DOCTYPE>标记**：用于指定文档的类型，通常被放置在被定义文档的第一行。例如，如果要定义的是一个基于 HTML 标准的网页文档，那么该标记应该是<!DOCTYPE html>。
- **<html>标记**：用于定义网页文档的总标记。这意味着，所有网页的定义代码都必须从一个<html>标记开始，并以一个</html>标记结束，其他所有的 HTML 标记必须放在这两个标记之间。
- **<head>标记**：用于定义网页头部信息的总标记。网页文档中所有与头部信息相关的定义代码都必须从一个<head>标记开始，并以一个</head>标记结束，其他用于描述具体头部信息的 HTML 标记必须放在这两个标记之间。在 HTML 的语义中，头部信息主要提供了网页文档的元数据、外链文件、内嵌代码等信息。虽然这些信息通常不会在网页中直接显示，但是因为它们可被 Google 之类的搜索引擎以及与网页浏览器相关的应用程序读取并进行相关的解析和渲染，所以经常会通过定义头部提高网页的可访问性、可读性及可发现性。
- **<body>标记**：用于定义网页主体内容的总标记。网页中所有与可显示内容相关的定义代码都必须从一个<body>标记开始，并以一个</body>标记结束，其他需要用于表示文字、图片、用户界面元素及具体内容信息的 HTML 标记都必须放在这两个标记之间。
- **<meta>标记**：用于定义网页的具体元数据，例如，通过该标记将当前网页使用的字符集定义为 UTF-8。
- **<title>标记**：用于定义网页文档的标题。该信息通常会显示在浏览器的标题栏中。
- **<link>标记**：用于定义网页文档所要链接的外部信息，例如，通过该标记将要使用的外部 CSS 文件链接到该网页文档中。
- **<div>标记**：用于在网页中定义一个块状显示元素，这是网页设计中会用到的基本布局工具。例如，在本项目的代码中，读者将会看到一个 id="card" 的块状元素，它的作用是在网页中显示一张名片应有的卡片形态。

- **<h1>标记**：用于在网页中定义一级标题元素。例如，在本项目的代码中，读者将会看到用该标记在网页中显示"凌雪冰熊饮料店"的字样。
- **<p>标记**：用于在网页中定义一个文本段落元素。例如，在本项目的代码中，读者将会看到用该标记在网页中对"凌雪冰熊饮料店"进行介绍。
- **<ul>与<li>标记**：用于在网页中定义一个无序列表元素。例如，在本项目的代码中，读者将会看到用该标记在网页中显示凌雪冰熊饮料店的地址、电话号码和电子邮件信息。

知识点 2：CSS 基础

层叠样式表（Cascading Style Sheet，CSS）是一门专用于定义网页外观样式的计算机标记语言。人们可以使用这门语言对网页中出现的图片、文本、按钮等元素进行像素级别的精确控制。在本书中，按照 CSS3 标准，定义网页的外观样式。该标准新增了圆角效果、渐变效果、图形化边界、文字阴影、透明度设置、多背景图设置、可定制字体、媒体查询、多列布局及弹性盒模型布局等样式及特性，这将有助于用户设计更丰富多彩的网页。

CSS 及其相关技术对网页设计工作的最大贡献之一，就是让设计师可以将网页中的内容与它要呈现的方式分开。毕竟，在 CSS 出现前，设计师在使用 HTML 定义网页的结构和内容时必须指定它们的呈现方式，如今很少用到的<font>、<b>、<i>等 HTML 标记就是那时候的产物。这些标记主要用于设置字体的颜色、背景色、大小、字形及排列方式等。例如，在 HTML 中，<h2>标记用于定义二级标题，它在级别上比一级标题低，比三级标题高，这些都属于文档结构上的定义。但假如设计师要更改二级标题的颜色、字形、大小，在没有 CSS 的时代，就要使用<font>这样的标记了，只靠<h2>标记是不够的，因为后者只是一个用于表示文档结构的标记。例如，如果读者想让二级标题使用白底红字的斜体字，则需要像下面这样写。

```
<h2><font color="red" bgcolor="white"><i>二级标题</i></font></h2>
```

上面这种样式设置方式最大的问题是，它只对当前设置的页面元素有效，因此相同的样式可能需要在同一网页中的每个二级标题元素上反复设置。考虑同一网页中通常会有多个二级标题，这样做会大大增加 HTML 代码的冗余度，从而导致整个网页文档变得非常臃肿和混乱，难以维护，因为如果以后想更改二级标题的样式，就必须在网页文档中找到所有用到<h2>+<font>标记的地方，然后逐一对其进行修改。

在 CSS 出现后，这些问题就迎刃而解了，因为这门标记语言及其相关技术主张将文档的结构内容与外观样式"分而治之"，从而让设计师在使用 HTML 时专注于文档结构的定义，而外观样式使用 CSS 来定义。对于前面这个例子来说，设计师如今只需要使用 HTML 的<h2>标记定义网页的二级标题元素，而该元素的外观样式使用 CSS 来定义。上述 HTML 代码就可以被简化为下面这样。

```
<h2>二级标题</h2>
```

此后，设计师只需要在对应的 CSS 文件中将二级标题的样式设置为白底红字的斜体字，具体代码如下。

```
h2 {
    color: red;
    background: white;
    font-style: italic;
}
```

对于上述代码中使用的具体语法，本项目稍后会做具体介绍。这里，读者暂时只需要理解：由于 CSS 的出现，我们实现了 HTML/XML 文档的内容结构与其外观样式的解耦合。从此之后，HTML 只负责定义网页的结构与内容，CSS 则负责定义网页的外观样式，包括颜色、字形、大小，以及对不同显示设备的自适应能力等。

CSS 的"层叠"特性赋予了它非常灵活的使用方式。CSS 代码既可以被保存为一个独立的文件，又可以被内嵌在特定的 HTML 文档内，网页浏览器会自行根据 CSS 提供的一套优先级判定方法来决定网页最终的外观样式。另外，设计师可以选择先针对同一个 HTML/XML 文档定义多份 CSS 代码，再让网页浏览器根据动态脚本确定网页要使用的样式。这样，设计师就可以为不同的显示设备设计不同的 CSS 代码了，例如，可以让 HTML 文档在计算机屏幕上的显示效果与其在打印机中的输出效果略有不同，以便使其在不同的设备中能有更好的显示方式。总而言之，CSS 赋予了设计师更强大的设计能力。

当然，在计算机世界中，没有任何一种技术是完美的。CSS 虽然在网页设计工作中起着至关重要的作用，但是它也存在一些缺点。CSS 的主要缺点如下。

- **语法烦琐且极易出错**：CSS 的语法相对复杂，需要开发人员熟悉各种选择器、样式属性和值的组合使用方式。在编写 CSS 代码时，一个小错误可能导致整个样式表无法正常工作。这就需要网页设计师具备丰富的 CSS 知识和经验，以确保代码的正确性。

- **浏览器兼容性存在差异**：不同的网页浏览器对 CSS 的解析和渲染存在差异，这可能导致网页在各种浏览器上的显示效果不一致。为了提高代码的兼容性，网页设计师通常需要编写特定的 CSS 代码，这大大增加了网页设计工作的复杂性。

- **文件加载速度较慢**：当浏览器加载一个网页时，会同时加载该网页所使用的所有 CSS 文件。如果网页中使用的 CSS 文件过多或文件体积较大，则会导致网页加载速度变慢，影响用户体验。这就需要开发人员优化 CSS 代码，减少文件占用的空间和文件数量，以提高网页加载速度。

- **全局作用域**：CSS 中的样式规则是全局生效的，这意味着一个样式规则可以影响网页中的所有元素。这种全局作用域可能导致出现样式冲突和难以维护的问题。为了避免这些问题，网页设计师需要使用命名约定和选择器的层级关系来管理样式。

尽管 CSS 存在上述缺点，但是它是网页设计工作中不可或缺的工具。通过学习 CSS，读者可以创建美观且可维护的网页，并提供良好的用户体验。下面介绍 CSS 的基本语法。

根据 CSS3 标准指定的语言规范，一段完整的样式表代码通常由一系列样式规则组成，而每个样式规则通常由选择器、属性名称和属性值 3 个语法单元，以及在必要时才会添加的代码注释组成。其形式大致如下。

```
[选择器 1] {
    [属性名称 1]: [属性值 1];
    [属性名称 2]: [属性值 2];
    [属性名称 3]: [属性值 3];
    /* 同一样式规则语句中可设置多个样式属性 */
    …
    [属性名称 n]: [属性值 n];
}
[选择器 2] {
    [属性名称 1]: [属性值 1];
    [属性名称 2]: [属性值 2];
    [属性名称 3]: [属性值 3];
    …
    [属性名称 n]: [属性值 n];
}
/* 同一 CSS 文件中可包含多条样式规则语句 */
[选择器 n] {
    [属性名称 1]: [属性值 1];
    [属性名称 2]: [属性值 2];
    [属性名称 3]: [属性值 3];
    …
    [属性名称 n]: [属性值 n];
}
```

下面详细介绍一下上述基本语法中用到的语法单元及其编写方式。

首先，作为样式规则语句的第一部分，选择器的主要作用是在 HTML 元素与 CSS 样式规则之间建立匹配关系，以便对指定的 HTML 元素应用该选择器后面所定义的外观样式。而根据选择 HTML 元素的方式，CSS 的选择器可划分成几种不同的类型。只有了解了这些不同种类的选择器，读者才能更容易地使用它们。接下来介绍在本项目中会用到的选择器。

基于标记名的选择器通常被称为元素选择器，主要用于匹配其关联的 HTML 文档中所有指定名称的标记。它的语法是很简单的，只需要直接指定要匹配的标记名称即可。下面是关于元素选择器的简单示例。

```
h1 { /* 匹配文档中的所有一级标题元素 */
    color: blue;
}
div { /* 匹配文档中的所有块状元素 */
    color: blue;
}
p { /* 匹配文档中的所有段落元素 */
    color: blue;
}
```

基于 id 属性值的选择器通常被称为 ID 选择器，主要用于匹配其关联的 HTML 文档中所有具有特定 id 属性值的标记，语法格式为"#ID 属性值"。以下是使用 ID 选择器的简单示例。

```
#card { /* 匹配文档中所有 id="card" 的元素 */
    color: blue;
}
#user { /* 匹配文档中所有 id="user" 的元素 */
    color: blue;
}
```

　　基于 class 属性的选择器通常被称为类选择器，主要用于匹配其关联的 HTML 文档中所有具有特定 class 属性值的标记，语法格式为".类名"。以下是关于类选择器的简单示例。

```
.box { /* 匹配文档中所有 class="box" 的元素 */
    color: blue;
}
.video { /* 匹配文档中所有 class="video" 的元素 */
    color: blue;
}
```

　　需要特别说明的是，基于类选择器建立的 CSS 样式规则通常被称为**样式类**。由于目前市面上主流的第三方网页设计工具（例如，Font Awesome 图标库和 Bootstrap 框架等）基本上是基于样式类来实现的，因此类选择器无疑将是读者在网页设计工作中最常用到的 CSS 选择器之一。

　　选择器以外的部分都可被称为"样式属性"，这部分通常由一对大括号包裹住的一系列格式为"[属性名称]:[属性值]"的语句构成。其中，属性名称的作用是指定想要设置的样式属性。在 CSS 代码中，一段样式规则可设置的样式属性取决于其选择器所匹配的 HTML 元素。例如，对于本项目中会使用到的<div>、<p>这一类 HTML 元素来说，设计师可以设置的常见样式属性主要包括以下几种。

- height：设置页面元素的垂直高度。
- width：设置页面元素的水平宽度。
- margin：设置页面元素的外边距。
- padding：设置页面元素的内边距。
- font-size：设置页面元素中文本的字体大小。
- border：设置页面元素的边框。
- color：设置页面元素中文本的字体颜色。
- background-color：设置页面元素的背景颜色。

　　而属性值的作用是为属性名称所指定的样式项目设置具体的值，它的取值类型和范围取决于要设置的属性名称。

　　对于 height、margin 这类与尺寸问题相关的属性名称，它的值是以 px、em 或%为单位的数字。

　　对于 background-color 这种与颜色相关的属性名称，它的值是 Hex、RGB 之类的颜色编码，或者 CSS 预定义的颜色名称。

对于 background-image 这种与多媒体文件相关的属性名称，它的值是用于表示该文件所在位置的字符串。

在 CSS 代码中，用于进行代码注释的语法单元通常以/*开始，以*/结束。它主要用于对某段 CSS 代码的作用进行文字说明，以便增强代码的可读性，并不会被网页浏览器渲染。例如，在下面这段作用于<div>元素的 CSS 代码中，就以注释的方式对其所设置的样式属性做了相应的说明。

```
div {
    /* 设置被匹配标记所在元素的高度 */
    height: 600px;
    /* 设置被匹配标记所在元素的背景色 */
    background-color: rgb(164, 205, 223);
    /* 设置被匹配标记所在元素的内边距 */
    padding: 10px 15vw;
    /* 设置被匹配标记所在元素的字体大小 */
    font-size: 18px;
}
```

以上就是 CSS 的基本语法，读者可以利用这套语法来创建一系列样式规则，以便完成对 HTML 元素的外观设计。当然，关于特定 HTML 元素的样式属性，本书将会在后续项目中介绍，读者在这里暂时只需要了解它们在 CSS 语法中的基本位置即可。

知识点 3：配置工作环境

1. 安装网页浏览器

网页浏览器是开发者用来调试网页并确认其设计效果的必要工具，因此选择一款能根据最新的技术标准对网页进行准确渲染的浏览器是非常重要的。根据目前市场上各种浏览器对上述几门计算机语言的支持情况，开发者通常会选择将 Google 的 Chrome 或 Mozilla 的 Firefox 设置为自己的常用网页浏览器，因为它们不仅配备了为 HTML5、CSS3 和 ECMAScript6 提供良好支持的网页解析引擎，还自带了功能非常齐全的网页调试环境。例如，对于 Chrome 浏览器，根据自己所用的操作系统下载并安装它之后，打开该浏览器并在右上角单击"…"按钮，从弹出的菜单中选择"更多工具"→"开发者工具"选项，打开网页的调试环境。Chrome 的开发者工具如图 1-2 所示。

另外，Firefox 也是一款对开发者非常友好的网页浏览器，它在 Windows、macOS 及各种 Linux 发行版上都有相应的版本。读者只需要根据自身所用的操作系统从 Firefox 官方网站下载并安装它即可。在安装完成之后，在该浏览器右上角单击带三条横线的按钮，从弹出的菜单中选择"Web 开发者"→"查看器"选项打开网页的调试环境。Firefox 的开发者工具如图 1-3 所示。

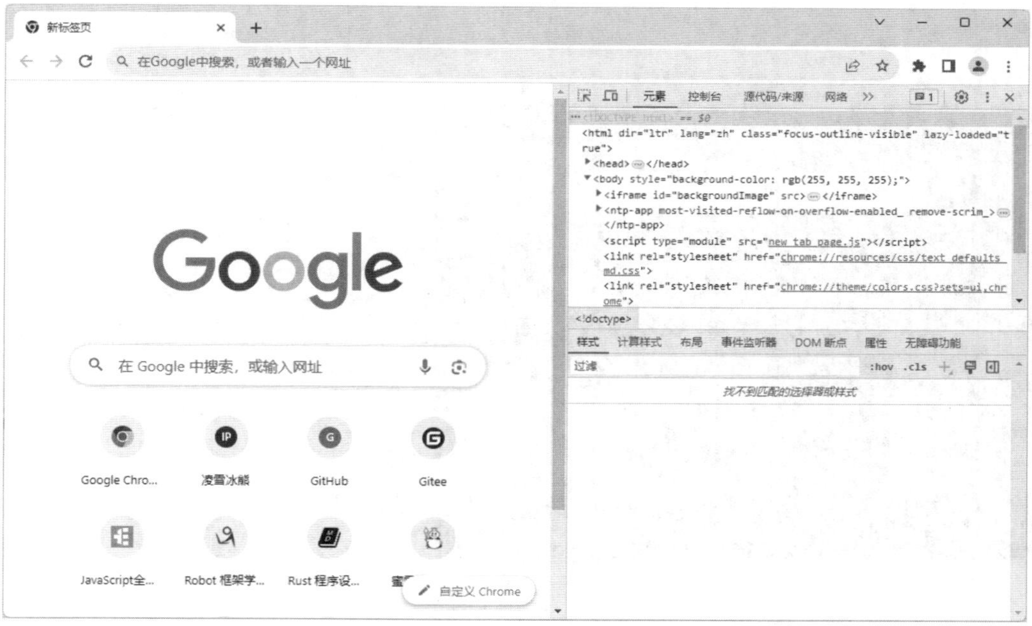

▲图 1-2　Chrome 的开发者工具

▲图 1-3　Firefox 的开发者工具

　　当然，如果读者打算在 Windows 系统或 macOS 中使用它们自带的网页浏览器，也可以找到类似的工具。例如，在 Windows 10/11 系统中，用于取代 Internet Explorer 的 Edge 是一款基于 Chromium 开源项目开发的网页浏览器，它的使用方式与 Chrome 浏览器大同小异，在浏览器的右上角单击"···"按钮，从弹出的菜单中选择"更多工具"→"开发人员工具"选项，就可以打开网页的调试环境了。Edge 的开发人员工具如图 1-4 所示。

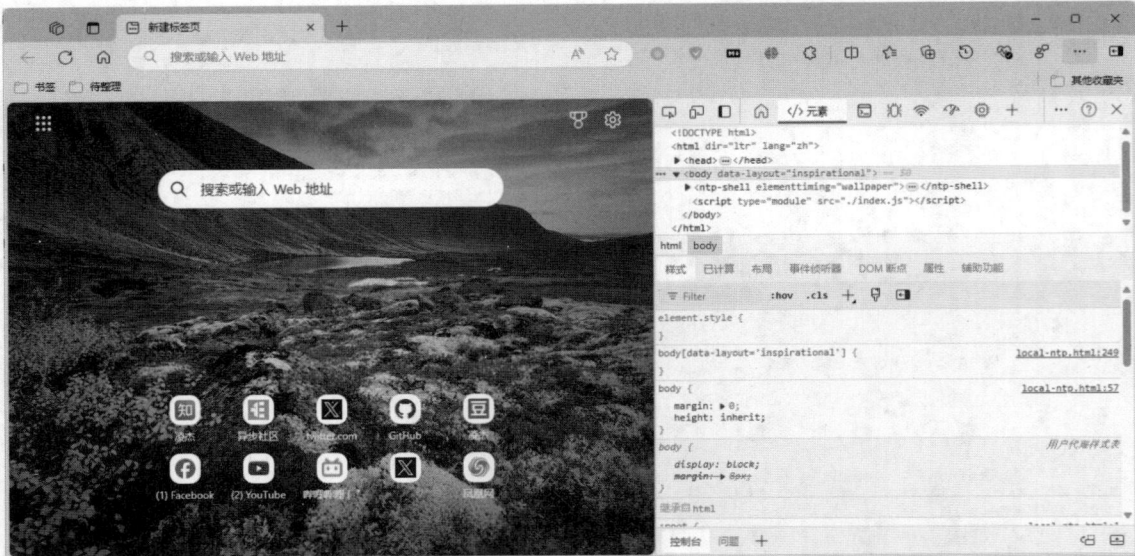

▲图 1-4　Edge 的开发人员工具

关于如何在浏览器中使用这些网页调试环境，本书将会在后续的项目中具体介绍，这里，读者暂时只需要知道如何搭建并启动自己将来需要使用的调试环境即可。

2. 配置项目管理工具

从纯理论的角度来说，如果想开展网页设计类项目的开发工作，通常只需要使用与 Windows 操作系统中"记事本"相似的纯文本编辑器就够了。然而，在实践中，为了获得更好的编码体验，并能方便地使用各种调试工具和源代码管理工具，通常会选择使用一款专用的管理工具来完成项目的开发工作。下面介绍配置项目管理工具的两种常见方案。

1）代码编辑器方案

在本书中，用 Visual Studio Code 编辑器来管理所有的项目，这是微软公司推出的一款代码编辑器。下面简单介绍如何安装这款编辑器，以及如何将其打造成可用于网页设计类项目的工作环境。

这款编辑器的安装步骤非常简单，读者可以通过搜索引擎找到其官方网站。其官方下载页面如图 1-5 所示。

因为这款编辑器在 Windows、macOS 以及各种 Linux 发行版上均可使用，所以读者需要根据自己所用的操作系统下载相应的安装包。待下载完成之后，就可以打开安装包来启动它的图形化安装向导了。在安装的开始阶段，安装向导会要求用户设置一些选项，如选择程序的安装目录，是否添加相应的环境变量（如果读者想从命令行终端启动 Visual Studio Code 编辑器，则需要选择这个选项）等，大多数时候只需要保持默认选项，一直单击"Next"按钮就可以完成安装。

Visual Studio Code 编辑器的强大之处在于它有一个非常完善的插件生态系统，可以通过安装插件的方式将其打造成面向不同计算机语言与开发框架的集成开发环境。在 Visual Studio Code 编辑器中安装插件的方式非常简单，只需要打开该编辑器的主界面，在其左侧纵向排列的图标中找到并单击方块形状的扩展图标，或直接按 Ctrl + Shift + X 快捷键，就会打开图 1-6 所示的插件安装界面。

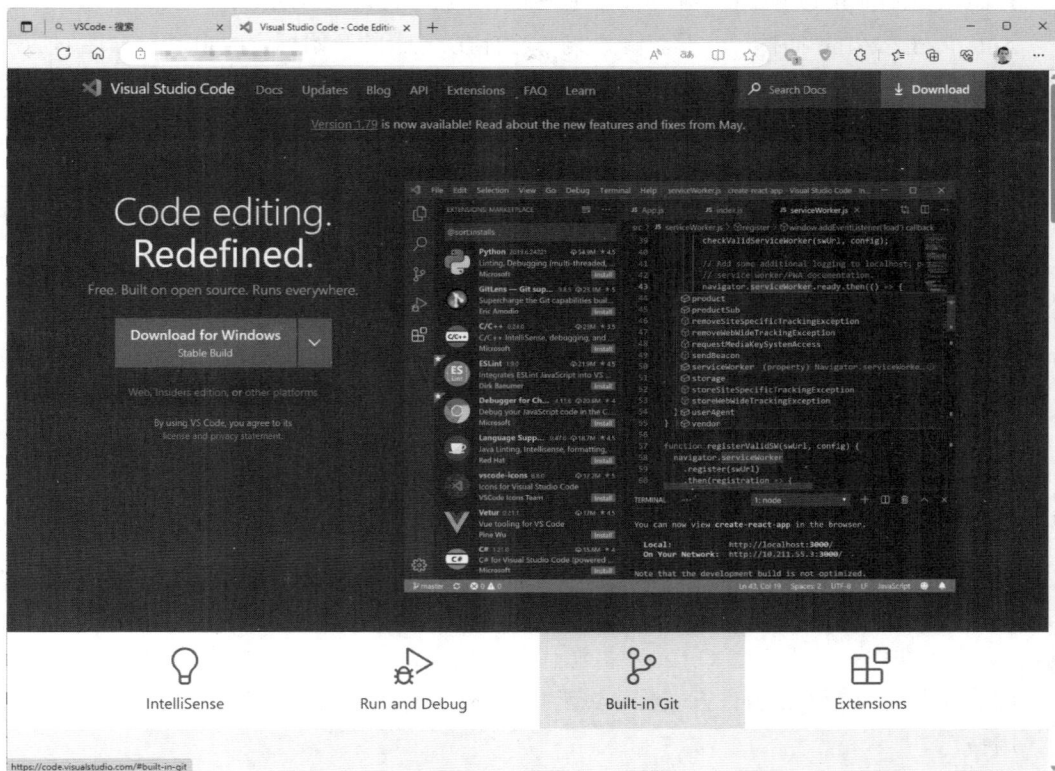

▲图 1-5　Visual Studio Code 编辑器的官方下载页面

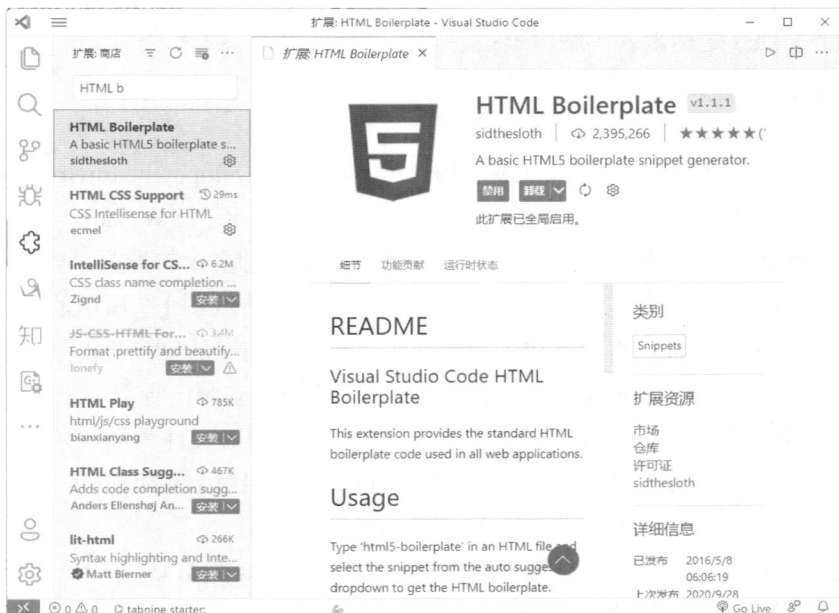

▲图 1-6　Visual Studio Code 编辑器的插件安装界面

根据网页设计项目的需要，推荐读者安装以下插件。

- Emmet 插件：用于提供一套简单的缩写语法来辅助编写 HTML 代码。
- HTML Boilerplate 插件：用于根据编写的 HTML 代码自动生成一些常见代码片段。
- Auto Rename Tag 插件：用于在修改某个 HTML 元素的开始标记时自动重命名对应的结束标记。
- HTML CSS Support 插件：用于在编写 CSS 代码时提供代码的自动补全、远程样式验证、选择器跳转等功能。
- JavaScript Snippet Pack 插件：用于在编写 JavaScript 代码时提供代码的自动补全功能。
- JavaScript (ES6) Code Snippet 插件：用于在编写符合 ECMAScript6 标准的代码时提供常用的代码片段。
- ESlint 插件：用于自动检测 JavaScript 代码中存在的语法问题与格式问题。
- Path Intellisense 插件：用于在编写文件路径时提供路径的自动补全功能。
- View In Browser 插件：用于快速启动系统默认的网页浏览器，以便即时查看当前正在编写的 HTML 文档。
- Live Server 插件：用于在当前计算机上快速构建一台简单的网页服务器，并自动将当前项目部署到该服务器上。
- vscode-icons 插件：用于为不同类型的文件加上不同的图标，以方便文件管理。
- GitLens 插件：用于查看 Git 对项目源代码的提交记录。当然，如果读者对 Git 不熟悉，则建议通过查看 Git 的官方文档，或者阅读本书附录初步了解 Git 的安装方法与基本使用技巧。

需要特别强调的是，Visual Studio Code 编辑器的插件很多并且会不断更新，读者可以根据自己的喜好来安装其他类似功能的插件，只要这些插件符合项目实践需求即可。除此之外，Atom 与 Sublime Text 这两款代码编辑器也有类似的插件生态系统和使用方式，读者也可以选择基于它们来打造属于自己的项目开发环境。

2）集成开发环境方案

如果读者更习惯使用传统的集成开发环境（Integrated Development Environment，IDE），那么 JetBrains 公司旗下的 WebStorm 无疑是一个不错的选择。它在 Windows、macOS 以及各种 Linux 发行版上均可做到所有的功能都开箱即用，无须进行多余的配置。WebStorm 的安装方法非常简单，在浏览器中打开其官方下载页面之后，就会看到图 1-7 所示的内容。

同样地，在这里需要根据自己所用的操作系统下载相应的安装包。下载完成之后，就可以打开安装包来启动其图形化安装向导了。在安装的开始阶段，安装向导会要求用户设置一些选项，如选择程序的安装目录，是否添加相应的环境变量、关联的文件类型等。大多数时候，只需要保持默认选项，一直单击"Next"按钮即可完成安装。当然，WebStorm 并非一款免费的软件，考虑业界当前的形势，建议选择使用免费的开源软件。

当然，类似的集成开发环境还有微软公司旗下的 Visual Studio，它的 Community 版本是一款完全免费的 IDE 软件。如果读者确定自己只在 Windows 操作系统中进行项目开发，则安装 Visual Studio Community 也是一个很好的选择，至少用它来开发本书中的所有项目都是可以的。

其官方下载页面如图 1-8 所示。

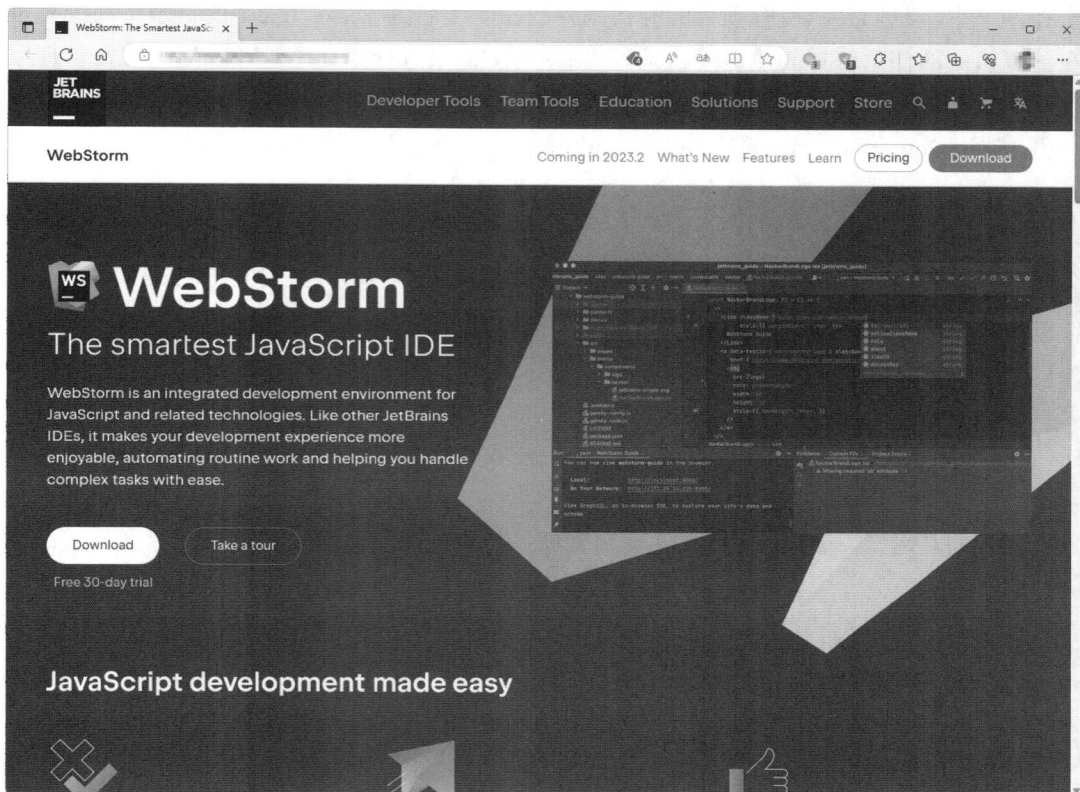

▲图 1-7 WebStorm 的官方下载页面

▲图 1-8 Visual Studio Community 的官方下载页面

【工作实施和交付】

在完成上述知识准备之后，读者现在就可以根据【任务书】着手设计凌雪冰熊饮料店的线上名片了。该项目的实施可以分为以下步骤。

第 1 步：创建一个网页设计项目

在本书中，我们会将所有项目的源代码存放在一个名为 Examples 的目录中（读者可自行在计算机中的任意位置创建这一目录），并使用 Git 来进行源代码管理。使用 Git 管理项目源代码的操作非常简单，具体步骤如下。

（1）使用 Powershell 或 Bash Shell 这类命令行终端环境打开 Examples 目录，并通过执行 mkdir 01_BusinessCard 命令创建本项目的根目录。

（2）在命令行终端环境中，执行 cd 01_BusinessCard 命令。进入本项目的根目录，并分别通过执行 mkdir img 和 mkdir styles 这两条命令创建 img 和 styles 两个子目录，img 和 styles 子目录分别用于存放图片素材和 CSS 文件。

（3）使用 Visual Studio Code 编辑器打开刚刚创建的 01_BusinessCard 项目，并执行以下文件操作。

① 在项目的根目录下创建一个名为 index.htm 的空文件。

② 在项目的 styles 子目录下创建一个名为 main.css 的空文件。

③ 将项目委托方提供的图标文件复制到项目的 img 子目录下，并将该图标文件重命名为 logo.png。

整个项目的目录结构如下。

```
01_BusinessCard
├── index.htm
├── img
│   └── logo.png
└── styles
    └── main.css
```

（4）回到之前的命令行终端环境中，并在项目的根目录下通过执行以下命令完成本项目的第一次版本控制操作。

```
git init
git add .
git commit -m "项目 1：创建线上名片项目"
```

第 2 步：定义网页的文档结构

在这一步中，为使用 HTML 标记将网页的文档结构及其要显示的内容描述出来，需要执行以下操作。

（1）使用 Visual Studio Code 编辑器打开 01_BusinessCard 项目，在项目的根目录下找到之前创建的 index.htm 文件，并在其中输入以下代码。

```
<!DOCTYPE html>
<html lang="zh-cn">
    <head>
        <meta charset="UTF-8">
        <title>凌雪冰熊</title>
    </head>
```

```
    <body>
        <div id="card">
            <h1>凌雪冰熊饮料店</h1>
            <p>让我们一起感受来自凌雪世界的熊抱！</p>
            <ul>
                <li>电话：123-456-7890</li>
                <li>电邮：message@snowbear.com</li>
                <li>地址：上海市浦东新区某某路×号</li>
            </ul>
        </div>
    </body>
</html>
```

（2）保存上述代码，使用网页浏览器打开 index.htm 文件，查看当前网页设计的结果。网页的文档结构及其在 Chrome 浏览器中的效果如图 1-9 所示。

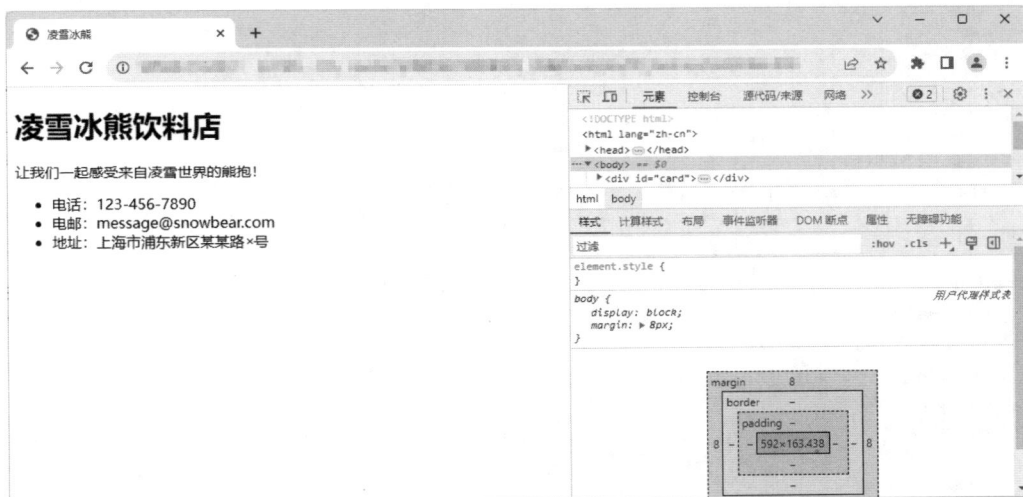

▲图 1-9　网页的文档结构及其在 Chrome 浏览器中的效果

（3）回到之前的命令行终端环境中，并在项目的根目录下通过执行以下命令完成本项目的第二次版本控制操作。

```
git add .
git commit -m "项目1：定义网页的文档结构"
```

第 3 步：定义网页的外观样式

图 1-9 所示的网页看上去不像一张名片，它只显示了名片中的基本信息。因此，要通过编写 CSS 代码并导入第三方库/框架为该网页设置一些外观样式。为此，要继续进行以下操作。

（1）使用 Visual Studio Code 编辑器打开 01_BusinessCard 项目，在项目的 styles 目录下找到之前创建的名为 main.css 的空文件，并在其中输入以下代码。

```
#card {
    width: 540px;
```

15

```
        height: 32px;
        background-color: rgb(164, 205, 223);
        border-radius: 10px;
        box-shadow: 0 2px 5px rgba(0, 0, 0, 0.3);
        padding: 15px;
        text-align: center;
    }

    #card img {
        width: 30%;
    }

    #card h1 {
        color: white;
        font-size: 22px;
        padding: 0px;
        margin: 0px;
    }

    #card p {
        font-size: 16px;
        color: white;
        margin-bottom: 10px;
    }

    #card ul {
        text-align: left;
        list-style: none;
        padding: 0 25%;
        margin: 0;
    }

    #card ul li {
        font-size: 14px;
        color: white;
        margin-bottom: 5px;
    }

    #card ul li i {
        margin-right: 10px;
    }
```

（2）在 Visual Studio Code 编辑器中重新打开之前的 index.htm 文件，并将其代码修改为如下。

```
<!DOCTYPE html>
<html lang="zh-cn">
    <head>
        <meta charset="UTF-8">
        <title>凌雪冰熊</title>
        <!-- 引用本地定义的 main.css 样式文件 -->
        <link rel="stylesheet" href="./styles/main.css">
```

```
        <-- 从网络引用 Font Awesome 这个第三方图标库 -->
        <link rel="stylesheet"
            href="https://use.fontawesome.com/releases/v5.11.2/css/all.css">
    </head>
    <body>
        <div id="card">
            <!-- 使用<img>标记插入工作室的图标文件 -->
            <img src="./img/logo.png" alt="凌雪冰熊的标志">
            <h1>凌雪冰熊饮料店</h1>
            <p>让我们一起感受来自凌雪世界的熊抱！</p>
            <ul>
                <!-- 使用<i>标记的 class 属性插入来自 Font Awesome 库的图标 -->
                <li><i class="fa fa-phone"></i> 123-456-7890</li>
                <li><i class="fa fa-envelope"></i> message@snowbear.com </li>
                <li><i class="fa fa-map-marker"></i> 上海市浦东新区某某路×号 </li>
            </ul>
        </div>
    </body>
</html>
```

（3）保存上述代码，使用网页浏览器打开 index.htm 文件，查看当前网页设计的结果，该网页的外观在 Chrome 浏览器中的效果如图 1-10 所示。

▲图 1-10　网页的外观样式

（4）回到之前的命令行终端环境中，并在本项目的根目录下完成第三次的版本控制操作。

```
git add .
git commit -m "项目 1：定义网页的外观样式"
```

在上述操作中，首先在 main.css 文件中通过#card 选择器设置之前在 index.htm 文件中定义的<div id="card">元素本身，以及其中的图片、标题、段落、列表等信息元素的外观样式；然后回到 index.htm 文件中，并使用<link>标记指定当前网页要加载的 CSS 文

17

件。注意，除了自己定义的样式文件之外，该网页中还加载了一个名叫 Font Awesome 的第三方图标库，这是一个基于 CSS 实现的字体图标库，它提供了超过 1000 个可免费使用的图标。该图标库的使用方式非常简单，读者可以自行在搜索引擎中搜索"Font Awesome"关键字来找到其官方网站，并按照其官网入门教程中的说明使用该图标库，这里不对其进行介绍。

除此之外，为了让读者了解 index.htm 文件相较于之前发生的变化，在该文件中使用`<!--注释-->`标记做了相应的说明。在 HTML 的语义中，注释标记的作用是说明网页设计者的意图，其内容并不会显示在网页中。

【拓展知识】

本项目主要涉及一些基本的 HTML 标记与 CSS 选择器的应用，同类型的项目中可能会使用到更多的 HTML 标记与 CSS 选择器。下面将对这部分知识进行一些拓展。

知识点 1：更多 HTML 标记

前面已经介绍了用于在网页中显示标题、图片、文本段落、无序列表及超链接等元素的 HTML 标记。而在同类型的项目中，当网页中要显示的信息更多时，网页设计师可能会用到与显示表格和有序列表相关的页面元素。下面将介绍用于显示这些元素的标记。

`<table>`标记用于在网页中定义一个表格元素。换言之，网页中关于表格元素的所有定义代码都必须从一个`<table>`标记开始，并以一个`</table>`标记结束，其他用于描述表格行、单元格的 HTML 标记必须放在这两个标记之间。

`<tr>`标记用于定义表格的"行"元素，它必须放在`<table>`和`</table>`这两个标记之间才能有效发挥作用。换言之，表格中每一行的定义代码都必须从一个`<tr>`标记开始，并以一个`</tr>`标记结束，其中用于描述单元格的 HTML 标记都必须放在这两个标记之间。

`<th>`标记用于定义表格标题行中的"单元格"元素，它必须放在`<tr>`和`</tr>`这两个标记之间才能有效发挥作用。换言之，表格标题行中每个单元格元素的定义代码都必须从一个`<th>`标记开始，并以一个`</th>`标记结束，其中用于显示具体信息的 HTML 标记都必须放在这两个标记之间。

`<td>`标记用于定义表格中除标题行之外的"单元格"元素，它必须放在`<tr>`和`</tr>`这两个标记之间才能有效发挥作用。换言之，表格中除标题行之外的每个单元格元素的定义代码都必须从一个`<td>`标记开始，并以一个`</td>`标记结束，其中用于显示具体信息的 HTML 标记都必须放在这两个标记之间。

`<ol>`与`<li>`标记用于在网页中定义一个无序列表元素。

用于显示表格元素的 HTML 标记的使用方式如下。

```
<table>
    <tr>
        <th>标题 1</th>
        <th>标题 2</th>
```

```
        <th>标题 3</th>
    </tr>
    <tr>
        <td>第 1 行单元格 1</td>
        <td>第 1 行单元格 2</td>
        <td>第 1 行单元格 3</td>
    </tr>
    <tr>
        <td>第 2 行单元格 1</td>
        <td>第 2 行单元格 2</td>
        <td>第 2 行单元格 3</td>
    </tr>
</table>
```

上述 HTML 标记在网页浏览器中显示的表格元素如图 1-11 所示。

接下来介绍用于显示有序列表元素的 HTML 标记。例如，可以把本项目的实施步骤定义成如下有序列表元素。

```
<ol>
    <li>建立源代码管理机制</li>
    <li>定义网页的文档结构</li>
    <li>定义网页的外观样式</li>
</ol>
```

上述 HTML 标记在网页浏览器中显示的有序列表元素如图 1-12 所示。

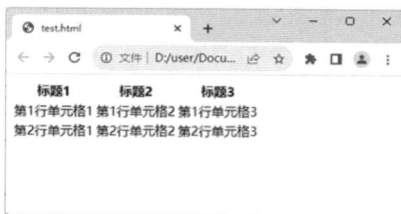

▲图 1-11　显示的表格元素　　　　　　▲图 1-12　显示的有序列表元素

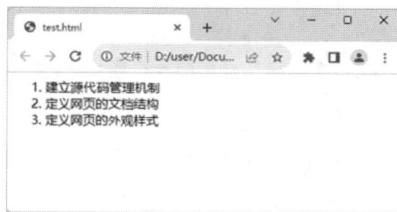

需要特别提醒的是，读者在本项目中的主要任务是初步熟悉一个网页文档的基本结构，并初步掌握<!DOCTYPE>、<html>、<head>、<meta>、<title>、<link>、<body>标记的使用方法。至于其他与网页中具体内容相关的 HTML 标记，读者暂时只需要知道它们在网页中所对应的元素，并能在本项目的【作业】中定义这些元素即可，本书将会在后续项目中演示这些标记的具体使用方法。

知识点 2：更多 CSS 选择器

在本项目中，读者已经知道了基于标记名称、标记 id 属性、标记 class 属性的基本选择器。除此之外，CSS 还提供了一些复合型的选择器，它们能帮助网页设计师以更灵活的方式来匹配指定的 HTML 元素。为了帮助读者编写 CSS 代码，下面介绍与这几种选择器相关的知识。

基于标记与属性的 CSS 选择器通常被称为属性选择器。属性选择器主要用于匹配其关联的 HTML 文档中包含指定属性的标记。其语法格式为"标记名[属性名{=属性值}]"。其中，{=属性值}的部分可以省略。下面是关于属性选择器的简单示例。

```css
/* 匹配<a title="属性值">标记，这里的"属性值"可以是任意字符串 */
a[title] {
    color: blue;
}
/* 匹配<a href="https://www.epubit.com">标记 */
a[href="https://www.epubit.com"] {
    color: blue;
}
```

基于标记与伪类的 CSS 选择器通常被称为伪类选择器。这主要是因为其用法与之前介绍的类选择器非常类似，只不过它匹配的不是明确指定 class 属性的 HTML 标记，而用于指定标记的某个特定状态或子结构。其语法格式为"标记名:伪类名"。其中，伪类名代表的就是被指定标记的某个状态或子结构。下面是关于伪类选择器的简单示例。

```css
a:hover {  /* 匹配鼠标指针悬浮到超链接元素上时的状态 */
    color: blue;
}
a:active {  /* 匹配超链接元素被激活时的状态 */
    color: blue;
}
a:visited {  /* 匹配超链接元素被访问之后的状态 */
    color: blue;
}
p:first-child {  /* 匹配段落元素中的第一个子标记 */
    color: blue;
}
p:last-child {  /* 匹配段落元素中的最后一个子标记 */
    color: blue;
}
p:nth-child(2) {  /* 匹配段落元素中的第二个子标记 */
    color: blue;
}
p:nth-last-child(2) {  /* 匹配段落元素中的倒数第二个子标记 */
    color: blue;
}
```

基于特定标记与伪元素的 CSS 选择器通常被称为伪元素选择器。伪元素选择器主要用于匹配某个指定标记的某个部分，而不是全部。其语法格式为"标记名::伪元素名"。其中，伪元素名代表的就是被指定标记的某个特定部分。下面是关于伪元素选择器的简单示例。

```css
p::first-line {  /* 匹配段落元素中的第一行 */
    color: blue;
}
p::last-line {  /* 匹配段落元素中的最后一行 */
    color: blue;
}
```

```
p::selection { /* 匹配用户选中或高亮显示的文本 */
    color: blue;
}
p::before { /* 匹配段落元素之前插入的内容 */
    content: "Hello, ";
}
p::after { /* 匹配段落元素之后插入的内容 */
    content: "!";
}
p::first-letter { /* 匹配段落元素中的第一个字母 */
    color: blue;
}
```

需要提醒的是，读者在本项目中的任务是初步熟悉为一个网页设置外观样式的基本步骤，即掌握 CSS 文件的创建方法，以及使用<link>标记在网页中引用外部样式文件的方法。至于 CSS 语法中的各种选择器，读者暂时只需要知道它们与 HTML 标记之间的基本匹配方式即可，本书将会在后续项目中具体演示其使用方法。

【作业】

客户林宇一是一名刚刚进入职场的大学生，他希望投递一份简历给凌雪冰熊饮料店，应征该工作室的网页设计师职位。假设你是他的学长，且现在你已经是一位经验丰富的网页设计师，林宇一找到了你，他提供了他希望在简历上体现的信息及设计要求。

- **项目名**：制作网页设计师的简历。
- **委托方**：林宇一。
- **项目资料如下**。
  - 毕业院校：浙江大学，计算机科学与技术学院。
  - 毕业时间：2023 年 6 月。
  - 专业与学位信息：计算机科学与工程系，学士学位。
  - 基本介绍：曾经担任浙江大学校内 BBS 的电脑技术区区长，并兼任该区 Web 版版主多年，在学期间出版了多部与网页设计技术相关的译作。
  - 电话号码：000-000-0000。
  - 电子邮件：owlman@owlman.cn。
  - 个人照片：放在简历右上角。
- **项目要求**：设计一个能用于应届毕业生求职的网页版的线上简历。线上简历属于单一页面设计项目，其设计方法与线上名片项目基本相同。具体要求如下。
  - 网页包含个人照片、求学经历、基本介绍、电子邮件与电话号码等信息。
  - 网页有现实世界中求职简历的基本外观形态。
- **时间要求**：在 3 个工作日内完成。

【作业评价】

序号	评测内容	评分标准	分值	得分
1	网页信息的呈现	网页中呈现了委托方提供的基本信息	40	
2	网页样式的呈现	网页外观样式符合大众对求职简历的认知	40	
3	跨浏览器呈现效果	在 Chrome 和 Firefox 浏览器中网页的呈现效果一致	20	

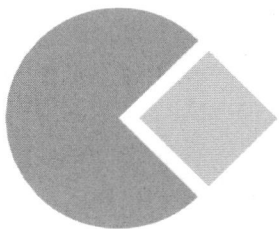

项目 2　企业网站的首页设计

　　企业网站的首页设计在网页设计领域中属于企业展示类界面的设计。其设计目的是让目标网页成为用户进入企业网站时的门户，向用户展示该企业的品牌信息，并为其访问动作提供更多导航功能。在此类项目中，网页设计师不仅会充分利用色彩、图片等直接的视觉元素迅速建立企业的品牌形象，还会通过合理的页面布局设计有效地展示当前网站的主要信息。因此，企业网站的首页设计也是网页设计师在进入网页设计领域时首先要学会做的基础项目之一。

【学习目标】

　　本项目会继续以凌雪冰熊饮料店的需求为例演示如何完成企业网站的首页设计。在本项目中，我们会为该企业网站后续要设计的"新闻活动"页、"产品展示"页、"申请加盟"页等页面设置统一的布局风格与配色方案，并预留整合这些页面的导航链接。通过项目实践，读者将会初步了解设计一个企业展示类页面所要执行的基本步骤，以及执行这些步骤所需的基本技术与相关工具。总而言之，在学习本项目之后，我们希望读者能够：

- 了解 HTML5 中提供的布局类标记，并掌握这些标记在网页设计工作中的具体使用方式；
- 了解在开展网页设计工作时首先要解决的尺寸设置、配色选择等整体设计问题；
- 掌握如何在项目中引入 Bootstrap 框架，并用该框架完成网页的整体设计。

【学习场景描述】

　　现在你是一位刚刚入职凌雪冰熊饮料店的网页设计师。该饮料店的管理层决定为企业开发一个官方网站，以展示企业的品牌形象、最新活动，并为潜在的合作伙伴提供咨询信息，进一步扩展线下实体店的加盟规模。在这个网页设计项目中，你的主要任务有两个：首先，完成该企业网站首页部分的设计，以便为该饮料店建立良好的品牌印象；其次，为该网站设计统一的布局风格与外观样式，为后面的"新闻活动"页、"产品展示"页、"申请加盟"页等页面的设计打好基础。

【任务书】

- **项目名**：凌雪冰熊网站的首页设计。
- **委托方**：凌雪冰熊股份有限公司互联网部门。
- **项目资料**：主要包括品牌的 Logo 与代表性门店的照片，如图 2-1 所示。

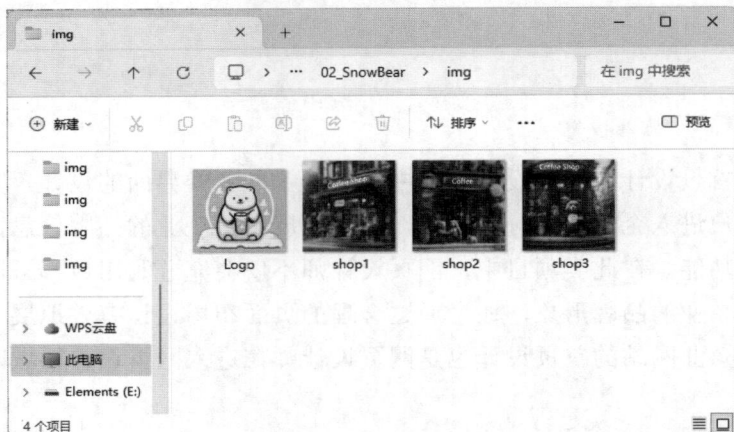

▲图 2-1　项目资料

- **项目要求**：为凌雪冰熊饮料店的网站设计首页，该网页的设计应符合以下要求。
  - 呈现与凌雪冰熊品牌 Logo 一致的配色风格。
  - 应立足于整个网站来设计统一的整体布局风格。
  - 配备导航栏功能，并为后续网页的设计项目预留位置。
- **时间要求**：在 3 个工作日内完成。

【任务拆解】

本项目的实施过程可以划分为以下 3 个小任务。
- 创建凌雪冰熊网站的网页设计项目，并在项目中引入 Bootstrap 框架。
- 创建凌雪冰熊网站的首页，并使用 HTML 标记完成该页面的整体布局。
- 基于 Bootstrap 框架提供的样式类和组件来完成网站首页的样式设计。

【知识准备】

在经过了项目 1 的实践之后，读者已经对 HTML 和 CSS 有了一个基本的了解。接下来，本书将根据要实践的项目场景介绍这两门语言及相关框架的具体应用。在本项目中，主要任务是完成企业类网站首页的整体设计，目的是为整个网站建立统一的布局风格和配色方案。下面介绍一下完成该项目任务需要掌握的知识点与工具。当然，如果读者认为自己已经掌握了这部分知识，则可自行跳过这些内容，直接进入本项目的【工作实施与交付】环节。

知识点 1：HTML5 中的布局类标记及其用法

　　和画家在拿到画布之后要先进行整体的构图作业一样，网页设计师在定义一个网页文档之后，要完成的工作是网页的布局设计。在项目 1 中，读者用<div>标记和 CSS 中基于 id 属性的选择器在网页中绘制了一个类似于名片形状的圆角矩形，这个操作可以被视为网页的布局。在这个操作完成之后，设计师就可以在这个圆角矩形中填充与名片相关的信息了。在 HTML5 标准发布之前，网页的布局工作基本上是依靠<div>标记与相关的 CSS 属性选择器来完成的。这种方式在一定程度上给项目代码的可读性带来了不良的影响，这些影响又会给项目的维护工作带来不少麻烦。对此，读者只要想象一下，当同一个 HTML 文档中遍布着数十个甚至上百个时而并列、时而嵌套的<div>标签时会是什么情况，就不难理解自己会遇到怎样的麻烦了。为了更好地解决代码可读性所带来的问题，HTML5 标准中新增了许多专用于网页布局的标记。下面是这些标记的基本使用示例。

```
<!DOCTYPE html>
<html lang="zh-CN">
    <head>
        <link rel="stylesheet" href="./styles/main.css">
        <title>布局类标记的使用示例</title>
    </head>
    <body>
        <header>
            header 标记用于定义网页的头部区域，
            该区域通常用于放置网站的标题和 Logo。
        </header>
        <nav>nav 标记用于定义网页的导航栏区域。</nav>
        <main>
            <p>main 标记用于定义网页中的主要内容区域。</p>
            <section>
                <aside>aside 标记用于定义侧边栏区域。</aside>
                <p>
                    section 标记用于定义一个页面的章节区域，
                    根据要显示的内容类型，一个网页可被划分为多个章节区域。
                </p>
                <article>
                    <!--定义文章标题的标记 h1~h6-->
                    <h1>文章标题</h1>
                    <!--定义文章段落的标记-->
                    <p>article 标记用于定义一篇文章，
                        根据要显示的信息，一个章节中可以有多篇文章。
                        </p>
                </article>
            </section>
        </main>
        <footer>
            footer 标记用于定义网页的页脚部分，
```

25

该区域通常用于放置与网站的合作方、版权相关的信息。

```
            </footer>
        </body>
    </html>
```

在将上述 HTML 代码保存为网页文件之后，读者只需要用 CSS 标记选择器给该网页配上一些可让布局效果可视化的外观样式（具体可参考本书配套源代码的 `00_demo/layoutCase` 目录中的示例），就可以在网页浏览器中打开这个网页时看到布局效果，如图 2-2 所示。

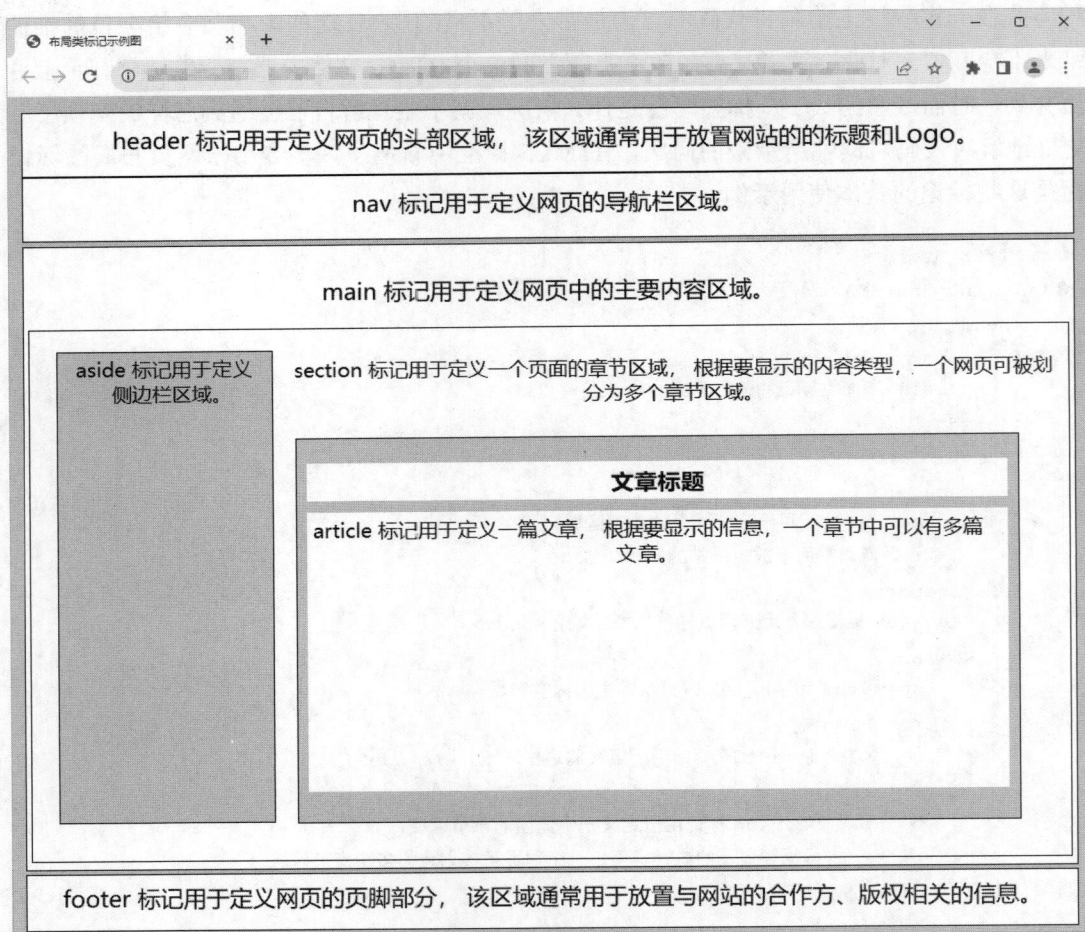

▲图 2-2　布局类标记的使用示例

下面介绍这些标记的作用。

\<header\>标记主要用于定义一个网页的头部区域，但也可用于定义网页中某个局部区域的头部。

\<main\>标记主要用于定义一个网页的主体区域，但也可用于定义网页中某个局部区域的正文内容。

\<aside\>标记主要用于定义一个页面的侧边栏区域，但也可用于定义网页中某个局部区域的侧边栏。

<footer>标记主要用于定义一个网页的页脚部分，但也可用于定义网页中某个局部区域的底部。

<nav>标记主要用于定义网站的导航栏，通常会被放置在由<header>标记所定义的头部区域下方，或者<aside>标记所定义的侧边栏区域中，以便为网站中的各个主要页面提供导航链接。

<section>标记通常用于定义一个页面的章节区域，就像一本书可以有多个章节一样，同一页面中也可以包含多个章节区域。

<article>标记通常用于定义一个具体的主题单元，该单元可以是一篇文章，也可以是一个视频/音频播放器或小程序。通常情况下，这些主题单元会放置在由<section>标记定义的内容展示区中，且同一内容展示区内可以有多个主题单元。

从本质上来说，HTML5 中新增的这些布局类标记都可被视为<div>标记的别名，它们只不过语义化了该标记的一些特定应用场景。这样做不仅有利于提高 HTML 代码的可读性，降低网页设计项目的维护难度，还能提升网页对搜索引擎的友好度，使相关信息更容易被找到。

知识点 2：CSS3 中的尺寸与配色问题

在完成了网页的基本布局之后，就要为网页设计外观样式。在使用 CSS3 定义外观样式的过程中，网页设计师的大部分工作与尺寸和配色问题有关，因为这两个问题涉及如何在网页中呈现整体页面布局、图文信息以及用户交互界面等元素。

1. CSS3 中的尺寸问题

在网页设计工作中，页面中各元素的尺寸设置是要解决的一个关键问题，因为这直接影响布局类元素、图文类元素、用户交互类元素在网页上的位置与呈现范围，以及这些元素彼此之间的距离。为了解决这个关键问题，在设置网页中各元素的尺寸时要了解以下概念。

- **设备分辨率**：用于量化显示设备（如计算机显示屏、手机屏幕等）所显示图像的精细程度，它的具体表达形式是 [水平分辨率]×[垂直分辨率]。其中，[水平分辨率]是显示设备在水平方向上可显示的像素，而[垂直分辨率]是显示设备在垂直方向上可显示的像素。例如，如果某台显示设备在水平方向上可显示 1920 像素，在垂直方向上可显示 1080 像素，那么该设备的分辨率就可以被表示为 1920×1080 像素。
- **视口尺寸**：用于量化用户在网页浏览器中看到的有效可视区域，即浏览器窗口中除菜单栏、工具栏、侧边栏等界面元素之外，真正用于显示网页内容的区域。每款浏览器都有自己的有效可视区域。在网页设计工作中，设计师需要根据这些不同的视口尺寸进行网页设计工作，以确保网页中显示的内容在各种视口尺寸上都能适应。
- **布局尺寸**：用于确定网页中各个元素的相对尺寸和位置，其中设置的对象包括布局元素、文本标题、段落、图像、视频播放器等。在 CSS3 中，通常会使用相对长度单位设置这些元素在不同设备屏幕上的尺寸，以提高它们的适应性。
- **字体尺寸**：用于确定字体在网页中的大小。在 CSS3 中，通常使用相对长度单位设置合适的字体大小，以确保在不同设备屏幕上的可读性。

- **内外边距尺寸**：用于设置网页中各元素内侧与外围的空白区域。在网页设计工作中，通常需要确保网页中存在一些合理的空白区域，以提升网页的布局效果及可读性。
- **图像的尺寸及分辨率**：在网页设计工作中，通常会使用响应式图像完成网页中与图像有关的设计，因此这一概念对于确保网页中的图像适应不同的设备屏幕是至关重要的，本书将会在项目 3 中演示这部分知识的应用。

只要能综合利用上述尺寸概念，网页设计师就可以设计出能适应不同显示设备的网页，确保这些网页在多种设备与网页浏览器上都能够呈现出符合设计意图的视觉效果。为了更好地实现这一目的，建议使用以下相对长度单位设置网页中的尺寸。

- **px**：CSS3 中使用的像素单位，它既不是一个确定的物理量，又不是一个点或者小方块，而是一个抽象概念，因此在 CSS3 中使用像素概念时依赖于其具体的运行环境。默认情况下，一个 CSS 像素应该等于一个物理像素的宽度。但在一些像素密度较高的显示设备上，一个 CSS 像素单位也有可能相当于多个物理像素的尺寸。
- **em**：CSS3 中基于网页浏览器中默认字体高度的相对尺寸单位，因为目前主流网页浏览器的默认字体高度为 16px，所以通常可以认为 1em 等于 16px。
- **rem**：CSS3 中基于当前网页根元素（即<html>标记对应的元素）的字体高度使用的相对尺寸单位。当然，在使用该尺寸单位之前，设计师必须先确定已经在当前网页的根元素中对字体的高度做了明确的设置。
- **%**：CSS3 中当前元素相对于其外层元素的尺寸单位，通常用于设置网页中布局尺寸的设计。当然，在对当前元素使用这个尺寸单位之前，设计师必须先确保其外层元素的相关尺寸已经得到了明确的设置。
- **vw**：CSS3 中相对于浏览器视窗宽度的尺寸单位，换而言之，1vw 等于浏览器视窗宽度的 1%。
- **vh**：CSS3 中相对于浏览器视窗高度的尺寸单位，换而言之，1vh 等于浏览器视窗高度的 1%。

2. CSS3 中的配色方案

网页设计师在网页设计工作中要解决的另一个关键问题是如何设计网页的配色方案。该问题对网站的用户体验和品牌标识具有非常重要的影响。因此，在启动一个网页设计项目时，设计师的首要任务之一就是为网站设计一个符合其所属企业或个人的配色方案，以便增强用户对相关品牌标识的认知和记忆。例如，如今人们看到黄底黑字的配色很容易联想到美团外卖，看到红加白的配色就可能会联想到蜜雪冰城等。为了更好地达成这一目的，读者在设计网站的配色方案时通常需要选择其网页使用的主要颜色、辅助颜色和背景颜色。设计师通常会基于以下因素来完成颜色的选择。

- **品牌标识**：设计师在为网站选择配色方案时通常要与该网站所属企业或个人的品牌标识保持一致，这样做将有助于建立品牌的视觉一致性和识别度。
- **色彩心理学**：设计师需要了解不同颜色可以激发的不同情感和反应，以确保自己所选的配色方案与网站所要传递的信息内容在目标上保持一致。例如，蓝色通常与冷静和信任相关，红色可能传达激情和警戒。

- **对比度和可读性**：在网页中，文本和背景之间的对比度对文字的可读性至关重要。因此，设计师在设计配色方案时需要使文本在颜色与其背景之间形成足够的对比，以提高文本的可读性。

- **无障碍性**：为了确保网站对所有用户都友好，设计师在设计配色方案时需要充分考虑颜色对视力受损人士的可访问性。例如，选择对比度较大的颜色，以便视力受损用户也能轻松阅读和浏览内容。

在选择配色方案之后，设计师的下一个任务是将该配色方案编写成 CSS 代码。在这个任务中，设计师首先需要对配色方案中的每种颜色进行编码，以便它们能被计算机及其软件识别并渲染在显示设备中。下面是在 CSS3 中常用的颜色编码方式。

- **RGB**：一种将红色、绿色和蓝色组合在一起来表示颜色的方法。每个颜色通道的取值范围是整数 0～255。其中，0 表示没有颜色，255 表示最大强度的颜色。通过调整这 3 个通道的数值，可以创建各种不同的颜色。例如，纯红色可以表示为 RGB(255, 0, 0)。

- **Hex**：十六进制颜色编码，这是一种使用 6 个字符（字符可为整数 0～9 和 A～F）来表示颜色的方法。每个字符对应 RGB 通道的强度值。其中，前两个字符表示红色通道的强度值，中间两个字符表示绿色通道的强度值，后两个字符表示蓝色通道的强度值。例如，纯红色可以表示为#FF0000。

- **HSL**：一种使用色相、饱和度和亮度 3 个参数来表示颜色的方法。其中，色相表示颜色在色轮上的位置，取值范围是 0°～360°；饱和度表示颜色的纯度，取值范围是 0%～100%；亮度表示颜色的明亮程度，取值范围是 0%～100%。通过调整这 3 个参数的值，可以创建各种不同的颜色。

- **RGBA**：一种与 RGB 类似的表示颜色的方法，但多了一个透明度通道。透明度通道的取值范围是 0～1。其中，0 表示完全透明，1 表示完全不透明。RGBA 可以用于创建具有不同透明度的颜色，使网页元素可以显示出层次感和透明效果。

在了解颜色在计算机中的编码方式之后，要将颜色编码定义成可在 CSS 代码中重复使用的变量（这在维护和修改样式时非常有用）。这可以利用 CSS3 提供的自定义属性来实现。这里，建议按照以下步骤来完成。

（1）定义一个名为:root 的伪根类选择器，并将要使用的颜色编码设置为该选择器的自定义属性（只有:root 伪根类选择器的自定义属性可被全局使用，一般选择器的自定义属性只能在与之匹配页面元素中被使用）。按照约定，通常会使用--前缀来表示这些自定义颜色的名称。例如，先在:root 伪根类选择器中定义一个名为--primary-bg-color 的自定义属性，再使用 RGB 编码方式将其值设置为 rgb(164,205,223)。

```
:root {
    --primary-bg-color: rgb(164,205,223);
}
```

（2）在整个样式表中通过 var(--primary-bg-color)使用此自定义颜色。通过这种方式，就可以轻松地在整个 CSS 文件中引用相同的颜色值，而不必多次输入 Hex 或 RGB 编码。如果需要更改颜色，则在 :root 伪根类选择器中更新自定义属性的值即可，而不必在整个样式文件中查找并替换颜色值。例如，将一系列页面元素的背景色（即这些元素的 background-color）设置成该自定义颜色。如果想修改这些页面元素的背景色，则修改 :root 伪根类选择器的 --primary-bg-color 属性值即可。

```
body {
    /* 设置网页主体部分的背景色 */
    background-color: var(--primary-bg-color);
}

#box {
    /* 设置网页中 id="box" 的元素所使用的背景色 */
    background-color: var(--primary-bg-color);
}

.button {
    /* 设置网页中 class="button" 的元素所使用的背景色 */
    background-color: var(--primary-bg-color);
}
```

当然，考虑 CSS3 为用户提供了一系列预定义的颜色名称，建议读者在对自己使用的颜色编码进行命名之前，查看一下该颜色编码是否已经存在于 CSS3 的预定义颜色（参考表 2-1）中，以免浪费时间。

表 2-1　　　　　　　　　　　CSS3 的预定义颜色

颜色名称	颜色值	颜色名称	颜色值	颜色名称	颜色值
AliceBlue	#F0F8FF	AntiqueWhite	#FAEBD7	Aqua	#00FFFF
Aquamarine	#7FFFD4	Azure	#F0FFFF	Beige	#F5F5DC
Bisque	#FFE4C4	Black	#000000	BlanchedAlmond	#FFEBCD
Blue	#0000FF	BlueViolet	#8A2BE2	Brown	#A52A2A
BurlyWood	#DEB887	CadetBlue	#5F9EA0	Chartreuse	#7FFF00
Chocolate	#D2691E	Coral	#FF7F50	CornflowerBlue	#6495ED
Cornsilk	#FFF8DC	Crimson	#DC143C	Cyan	#00FFFF
DarkBlue	#00008B	DarkCyan	#008B8B	DarkGoldenRod	#B8860B
DarkGray	#A9A9A9	DarkGreen	#006400	DarkKhaki	#BDB76B
DarkMagenta	#8B008B	DarkOliveGreen	#556B2F	DarkOrange	#FF8C00
DarkOrchid	#9932CC	DarkRed	#8B0000	DarkSalmon	#E9967A
DarkSeaGreen	#8FBC8F	DarkSlateBlue	#483D8B	DarkSlateGray	#2F4F4F
DarkTurquoise	#00CED1	DarkViolet	#9400D3	DeepPink	#FF1493
DeepSkyBlue	#00BFFF	DimGray	#696969	DodgerBlue	#1E90FF
FireBrick	#B22222	FloralWhite	#FFFAF0	ForestGreen	#228B22
Fuchsia	#FF00FF	Gainsboro	#DCDCDC	GhostWhite	#F8F8FF

续表

颜色名称	颜色值	颜色名称	颜色值	颜色名称	颜色值
Gold	#FFD700	GoldenRod	#DAA520	Gray	#808080
Green	#008000	GreenYellow	#ADFF2F	HoneyDew	#F0FFF0
HotPink	#FF69B4	IndianRed	#CD5C5C	Indigo	#4B0082
Ivory	#FFFFF0	Khaki	#F0E68C	Lavender	#E6E6FA
LavenderBlush	#FFF0F5	LawnGreen	#7CFC00	LemonChiffon	#FFFACD
LightBlue	#ADD8E6	LightCoral	#F08080	LightCyan	#E0FFFF
LightGoldenRodYellow	#FAFAD2	LightGray	#D3D3D3	LightGreen	#90EE90
LightPink	#FFB6C1	LightSalmon	#FFA07A	LightSeaGreen	#20B2AA
LightSkyBlue	#87CEFA	LightSlateGray	#778899	LightSteelBlue	#B0C4DE
LightYellow	#FFFFE0	Lime	#00FF00	LimeGreen	#32CD32
Linen	#FAF0E6	Magenta	#FF00FF	Maroon	#800000
MediumAquaMarine	#66CDAA	MediumBlue	#0000CD	MediumOrchid	#BA55D3
MediumPurple	#9370DB	MediumSeaGreen	#3CB371	MediumSlateBlue	#7B68EE
MediumSpringGreen	#00FA9A	MediumTurquoise	#48D1CC	MediumVioletRed	#C71585
MidnightBlue	#191970	MintCream	#F5FFFA	MistyRose	#FFE4E1
Moccasin	#FFE4B5	NavajoWhite	#FFDEAD	Navy	#000080
OldLace	#FDF5E6	Olive	#808000	OliveDrab	#6B8E23
Orange	#FFA500	OrangeRed	#FF4500	Orchid	#DA70D6
PaleGoldenRod	#EEE8AA	PaleGreen	#98FB98	PaleTurquoise	#AFEEEE
PaleVioletRed	#DB7093	PapayaWhip	#FFEFD5	PeachPuff	#FFDAB9
Peru	#CD853F	Pink	#FFC0CB	Plum	#DDA0DD
PowderBlue	#B0E0E6	Purple	#800080	RebeccaPurple	#663399
Red	#FF0000	RosyBrown	#BC8F8F	RoyalBlue	#4169E1
SaddleBrown	#8B4513	Salmon	#FA8072	SandyBrown	#F4A460
SeaGreen	#2E8B57	SeaShell	#FFF5EE	Sienna	#A0522D
Silver	#C0C0C0	SkyBlue	#87CEEB	SlateBlue	#6A5ACD
SlateGray	#708090	Snow	#FFFAFA	SpringGreen	#00FF7F
SteelBlue	#4682B4	Tan	#D2B48C	Teal	#008080
Thistle	#D8BFD8	Tomato	#FF6347	Turquoise	#40E0D0
Violet	#EE82EE	Wheat	#F5DEB3	White	#FFFFFF
WhiteSmoke	#F5F5F5	Yellow	#FFFF00	YellowGreen	#9ACD32

在实际项目中,设计师常常会根据自己的偏好和项目的具体需求搭配使用这些颜色表述方法,以便设计出可文档化的网页配色方案,如使用 RGB 或 Hex 代码来表示颜色,同时使用 HSL 调整颜色的亮度和饱和度。

知识点 3：Bootstrap 框架的基本用法

到目前为止,本书演示的都是基于手动编码方式来进行的网页设计。这种从零开始编写 HTML 与 CSS 代码的做法对于网页设计教学来说是必要的,它能让初学者以"在做中学,在学中做"的方式来实现快速入门。在实际生产环境中,这可能就不是最佳实践了。这种做法不仅非常耗时费力，还极易出错。如果读者只是一位前端程序员，并没有经历过专业的美术训练，则采用这种手动编码方式可能会在用户界面设计、配色方案设计上遇到较大的挑战。因此，在实际项目中，设计师往往更倾向于使用成熟的第三方框架来辅助进行网页设计的工作。从本项目开始，本书将致力于介绍如何基于 Bootstrap 框架来完成网页的设计工作。

1. Bootstrap 框架

Bootstrap 框架是一款开源的前端开发框架。它基于 HTML、CSS 和 JavaScript 实现。Bootstrap 提供了一系列可重用的页面组件、样式类及脚本代码，旨在帮助网页设计师快速构建出既专业又精美的网页（以及基于网页技术的应用程序界面）。目前，Bootstrap 框架被广泛用于主流的 Web 应用中。该框架在网页设计领域的最大竞争优势表现在以下几个方面。

- Bootstrap 框架对响应式布局的强大支持。通过在项目中引用该框架，设计师可以非常轻松地设计出能自动适应不同屏幕尺寸的网页，这将有助于提供更好的用户体验。在移动设备越来越普及的今天，响应式布局已经成为 Web 开发的标配，Bootstrap 框架的出现为开发者提供了一种快速实现响应式布局的工具。
- Bootstrap 框架提供了丰富的用户界面组件和 JavaScript 插件（如导航栏、表格、表单、模态框等）。这些组件和插件能在不同的显示设备和浏览器上保持一致的显示效果，帮助设计师轻松地构建出各种常见的界面元素。除了现成的界面组件和 JavaScript 插件外，Bootstrap 框架还支持自定义主题和样式，开发者可以根据自己的需求进行定制，从而实现更加个性化的界面设计。
- Bootstrap 框架的开发者还为初学者提供了详细的文档、丰富的示例代码以及完善的社区支持。这些资源都极大地降低了该框架的学习难度，使人们能够快速掌握该框架的使用方法。这也是建议基于 Bootstrap 框架来学习网页设计的原因之一。

总而言之，Bootstrap 框架是一款功能强大、可扩展性强的网页设计框架。它为设计师提供了快速构建响应式布局和常见 Web 界面元素的工具。如果读者想成为一名前端开发者，则 Bootstrap 框架是应该学习的工具之一。在撰写本书时，Bootstrap 框架已经迭代到了 5.x 版本，它相对于 4.x 和 3.x 的最大区别在于 JavaScript 部分的实现，如今的 Bootstrap 框架在操作 DOM 时会直接使用 ECMAScript6 的原生接口，不再需要导入 jQuery 库。

本书将基于 5.x 版本介绍如何使用 Bootstrap 框架构建网页。下面将根据本项目的任务需要介绍该框架的使用方法。Bootstrap 框架之所以如此受欢迎，主要是因为它提供了大量可重用的界面组件和 CSS 样式，这些组件和样式可以帮助设计师快速地完成网页的整体设计任务。具体来说，Bootstrap 框架在网页整体设计方面可以提供的便利主要如下。

- 它提供了大量的预定义样式，能够帮助网页设计师快速完成网页的整体布局。
- 它提供了大量的预定义模板，能够帮助网页设计师快速选择网页的配色方案。
- 它提供了大量的预定义组件，能够帮助网页设计师快速构建网页中需要使用的界面元素。
- 它采用了基于移动设备优先的策略，能够帮助网页设计师快速实现网页的响应式布局。

2. 网页的整体布局

下面先从网页的布局设计开始介绍。在网页的整体布局方面，Bootstrap 框架为网页设计师提供了以下几种常见的布局方式。

- **固定宽度布局**：如果要采用这种布局样式，则设计师需要使用 `container` 类来为网页内容提供一个中心对齐且具有固定宽度的容器。这种容器会随着屏幕或视口尺寸的改变而调整其宽度。
- **流体宽度布局**：如果要采用这种布局样式，则设计师需要使用 `container-fluid` 类来为网页元素提供一个宽度为 100% 的容器，这意味着它会占据其父元素或视口的所有宽度。
- **网格系统布局**：如果要采用这种布局样式，则设计师需要先将要设计的网页视为一个由多行多列组成的网格系统，再用布局类标记定义页面元素在该网格系统中所占的行（栅格系统中可以使用的行数通常是不受限的），最后用 `col-*` 类定义页面元素在该栅格系统中所占的列（其中 * 可以取 1～12 的整数，通常可以划分为 12 列）。图 2-3 所示为网格系统布局。

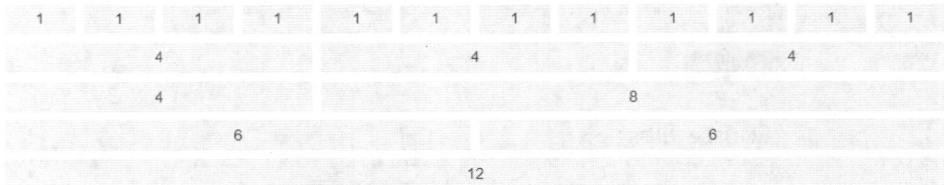

1	1	1	1	1	1	1	1	1	1	1	1
4				4				4			
4				8							
6						6					
12											

▲图 2-3　网格系统布局

- **Flexbox 布局**：虽然这原本是一个独立的 CSS 布局模型，但是 Bootstrap 框架已经整合了这种布局样式，并提供了一系列与 Flexbox 相关的样式类（包括 `d-flex`、`justify-content-*`、`align-items-*` 等）。这种布局样式可以让网页设计师在一个容器内以更灵活的方式排列、对齐和分配子元素。与传统的浮动或定位方式相比，Flexbox 提供了更灵活的解决方案，特别适用于处理复杂的布局和对齐问题。
- **组件布局**：Bootstrap 框架提供了许多组件，如导航栏、卡片等，读者可以使用这些组件来构建特定类型的布局。例如，可以使用导航栏组件创建一个具有导航功能的网站头部。

当然，除了选择以上的一种布局方式之外，读者还可以根据自己的需求灵活地混合使用这些布局方式，以便创建更复杂的网页。Bootstrap 框架的灵活性及其提供的丰富文档资源可以帮助用户轻松实现各种复杂的网页布局设计。下面演示基于 Bootstrap 框架实现与图 2-2 所示网页相似的布局效果的具体步骤。

（1）在本地计算机中创建一个名为 `bootstrapCase` 的目录（在本书的源代码中，笔者将其创建在 `examples/00_demo` 目录中），并在其中创建一个名为 `index.htm` 的网页文件，以及两个分别命名为 `styles` 和 `scripts` 的子目录。

（2）打开网页浏览器，使用搜索引擎找到 Bootstrap 框架的官网，打开图 2-4 所示的页面，单击"Download"按钮，将编译好的 CSS 和 JavaScript 文件下载到本地计算机中。当然，如果能用 NPM 包管理器来构建项目，则推荐先使用 Powershell 或 Bash Shell 这类命令行终端环境进入之前创建的 bootstrapCase 目录下，再通过运行 npm install bootstrap@5.3.2 --dev 命令下载该框架。

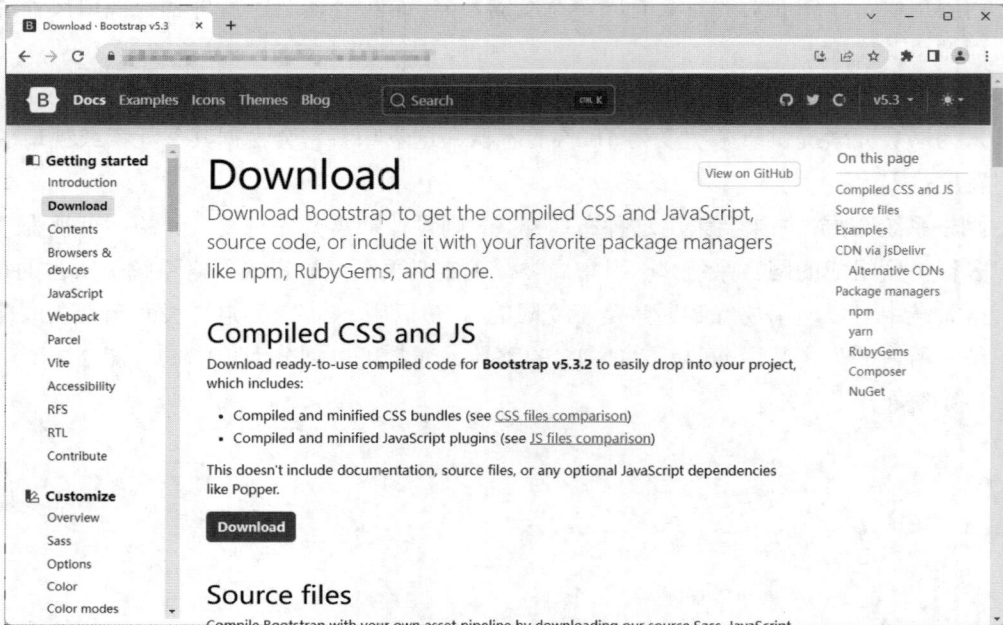

▲图 2-4　Bootstrap 框架的下载页面

（3）将名为 bootstrap-5.3.2-dist.zip 的压缩文件解压并将路径为 css/bootstrap. min.css 的文件复制到之前创建的 bootstrapCase/styles 目录下，而将路径为 js/ bootstrap.min.js 的文件复制到 bootstrapCase/scripts 目录下（如果读者在上一步骤中使用 NPM 来下载 Bootstrap 框架，那么这两个文件现在已经存在于当前项目的/node_modules/ bootstrap/dist/css 和/node_modules/bootstrap/dist/js 目录下，直接使用即可）。这里，之所以要使用框架中名称中有 min 的文件，是因为这些文件已经经过压缩处理，可以大大提高网页加载速度。

（4）使用 Visual Studio Code 编辑器打开之前创建的 bootstrapCase 目录，并在该目录下的 index.htm 文件中输入以下代码。

```
<!DOCTYPE html>
<html lang="zh-CN">
    <head>
        <meta charset="UTF-8">
        <meta name="viewport"
        content="width=device-width, initial-scale=1.0">
        <!-- 引用 Bootstrap 框架的 CSS 文件 -->
        <link rel="stylesheet" href="styles/bootstrap.min.css">
        <!-- 引用 Bootstrap 框架的 JavaScript 文件 -->
        <script defer src="./scripts/bootstrap.min.js"></script>
```

```
    <title>基于 Bootstrap 的网页布局</title>
</head>
<body>
    <nav class="p-3 navbar navbar-expand-lg bg-dark navbar-dark">
        <div class="container">
        <a class="navbar-brand" href="#">
            <img src="./img/logo.jpg"
                class="rounded-pill" style="width: 3vw;">
            <span style="vertical-align:middle;">导航栏区域</span>
        </a>
        <button class="navbar-toggler" type="button"
            data-bs-toggle="collapse" data-bs-target="#navbarNav"
            aria-controls="navbarNav" aria-expanded="false"
            aria-label="Toggle navigation">
            <span class="navbar-toggler-icon"></span>
        </button>
        <div class="collapse navbar-collapse" id="navbarNav">
            <ul class="navbar-nav ms-auto">
            <li class="nav-item">
                <a class="nav-link" href="#">链接 1</a>
            </li>
            <li class="nav-item">
                <a class="nav-link" href="#">链接 2</a>
            </li>
            <li class="nav-item">
                <a class="nav-link" href="#">链接 3</a>
            </li>
            </ul>
        </div>
        </div>
    </nav>
    <header class="p-4 bg-secondary text-light">
        <div class="container">
            <h1>头部区域</h1>
            <p>
                header 标记用于定义网页的头部区域,
                该区域通常用于放置网站的标题。
            </p>
        </div>
    </header>
    <main class="p-5">
        <section class="container">
            <h2>章节区域</h2>
            <p class="p-4">
                section 标记用于定义网页中的章节区域,
                根据要显示的内容类型,一个网页可被划分为多个章节区域。
            </p>
            <div class="d-flex">
                <aside class="p-3 bg-secondary text-light">
                    <h3>侧边栏区域</h3>
                    <p>aside 标记通常用于设置文章的内部导航。</p>
                    <nav class="navbar flex-column">
```

```
                            <a class="nav-link active" href="#">目录 1</a>
                            <a class="nav-link" href="#">目录 2</a>
                            <a class="nav-link" href="#">目录 3</a>
                            <a class="nav-link" href="#">目录 4</a>
                            <a class="nav-link" href="#">目录 5</a>
                            <a class="nav-link" href="#">目录 6</a>
                        </nav>
                    </aside>
                    <article class="p-3">
                        <h3>文章区域</h3>
                        <p class="mx-3">
                            article 标记通常用于定义一篇文章，
                            一个章节中可以有多篇文章。
                        </p>
                        <div class="p-3">
                            <h4>文章标题</h4>
                            <p class="mx-3">
                                这是一个段落。这是一个段落。这是一个段落。
                            </p>
                            <h5>文章子标题</h5>
                            <p class="mx-3">
                                这是另一个段落。这是另一个段落。这是另一个段落。
                            </p>
                        </div>
                    </article>
                </div>
            </section>
        </main>
        <footer class="p-3 bg-dark text-light fixed-bottom">
            <div class="container">
                <p>
                    footer 标记用于定义网页的页脚部分，
                    该区域通常用于放置与网站的合作方、版权相关的信息。
                </p>
            </div>
        </footer>
    </body>
</html>
```

注意: 上述代码中，除了用<link>标记引用了 Bootstrap 框架的 CSS 文件之外，还用<script>标记引用了 Bootstrap 框架的 JavaScript 文件。因为 JavaScript 的操作对象是 HTML 文档中的页面元素，所以读者在使用<script>标记引用 JavaScript 文件时，需要将该标记的 defer 属性激活，以确保该 JavaScript 文件在页面加载完毕之后再运行（关于 JavaScript 在网页设计工作中的运用，本书将会在后面的项目中详细介绍）。

（5）保存上述代码，使用网页浏览器打开 index.htm 文件，查看当前网页的设计效果，如图 2-5 所示。

▲图 2-5　基于 Bootstrap 框架的网页设计效果

在上述演示中，首先在项目中引用 Bootstrap 框架的 CSS 文件和 JavaScript 文件（以便使用该框架提供的外观样式及其相关的功能），然后使用该框架提供的样式类来完成网页的整体布局，并安排不同布局元素中的内容。关于页面内容的安排，后面的项目会专门介绍。这里主要采用组件布局和 Flexbox 布局两大类布局样式。其中，组件布局类样式主要用于导航栏区域，而在章节区域中采用 Flexbox 布局样式。

在导航栏区域中，使用 navbar 和 navbar-expand-lg 这两个类创建了一个响应式的 <nav> 元素。在该元素内部，navbar-brand 类用于定义当前网页的 Logo 元素（包括图片与文字）；navbar-nav 类和 nav-item 类用于创建导航栏中的链接列表元素。另外，在响应式布局方面，利用 navbar-toggler 类创建一个按钮元素，当在小尺寸的屏幕设备上访问网页时，它会显示出来，而导航栏中的链接列表将会收起，只有当用户单击该按钮时，它才会重新展开或收起。为此，需要将导航栏中的链接列表放在一个由 collapse 类和 navbar-collapse 类创建的 <div> 元素中。除此之外，还为导航栏中的链接列表本身添加了一个 ms-auto 类，这也是 Bootstrap 的响应式工具类之一，它会在小尺寸的屏幕设备上自动将导航栏中的链接移到另一侧，以适应屏幕宽度。

在章节区域中，首先使用 d-flex 类创建一个以 <div> 标记来定义的弹性容器，然后用该容器来完成相关页面元素的排列和定位。这里的 d-flex 类也是 Bootstrap 框架提供的一个响应式工具类。

d-flex 类被应用于一个 HTML 元素（通常是<div>），将其定义为 Flex 容器。这意味着该元素的子元素将按 Flexbox 规则进行排列和布局。

一旦一个元素被定义为 Flex 容器，它的直接子元素就成为 Flex 项，这些项会在容器内自动排列。可以使用 Bootstrap 框架提供的其他类（如 justify-content-* 和 align-items-*类）来控制子元素的排列方式，用于水平和垂直对齐。

Flexbox 布局提供了一种强大的方式来管理和调整元素之间的空间分配。使用 d-flex 类，可以轻松实现弹性的网页布局，以适应不同屏幕尺寸和内容需求。

Flexbox 是响应式布局的理想选择，因为它可以在不同屏幕尺寸下自动调整元素的排列和大小，无须使用媒体查询。这使用户可以更容易地创建适应各种设备的网页布局。

3. 网页的配色方案

除了布局之外，网页的整体设计任务还包含了配色方案的选择。由于网页的配色方案对它所属的品牌标识与用户体验都具有非常重要的影响，因此在启动一个网页设计项目时，设计师的首要任务之一就是为网站设计一种符合其所属企业或个人的配色方案，以便增强用户对相关品牌标识的认知度。

在使用 Bootstrap 框架来进行网页整体设计的时候，通常会优先使用*-primary、*-secondary、*-success、*-danger、*-warning、*-info、*-light 和*-dark 这 8 组预定义的样式类来指定网页基础的配色方案。

*-primary 样式类用于设置配色方案中所使用的主要颜色，默认使用蓝色。

*-secondary 样式类用于设置配色方案中所使用的次要颜色，默认使用灰色。

*-success 样式类用于设置配色方案中代表成功信息的颜色，默认使用绿色。

*-danger 样式类用于设置配色方案中代表危险信息的颜色，默认使用红色。

*-warning 样式类用于设置配色方案中代表警告信息的颜色，默认使用黄色。

*-info 样式类用于设置配色方案中代表提示信息的颜色，默认使用蓝色。

*-light 样式类用于设置配色方案中代表亮色系的配色，默认使用浅灰色。

*-dark 样式类用于设置配色方案中代表暗色系的配色，默认使用深灰色。

而这 8 组样式类中的*主要用于指定要设置颜色的目标，其值如下。

- bg：用于设置其作用的元素的背景颜色。
- text：用于设置其作用的元素的文本颜色。
- text-bg：用于设置其作用的元素的文本及背景颜色。
- border：用于设置其作用的元素的边框颜色。
- link：用于设置其作用的链接元素的文本颜色。
- link-underline：用于设置其作用的链接元素的下画线颜色。
- table：用于设置其作用的表格元素的背景颜色。
- btn：用于设置其作用的按钮元素的文本及背景颜色。
- btn-outline：用于设置其作用的按钮元素的边框及文本颜色。
- alert：用于设置其作用的警告框元素的背景颜色。

- `focus-ring`：用于设置其作用的元素获得焦点时的边框颜色。

然而，在实际项目中，设计师通常需要根据委托方的需求采用更有针对性的配色方案（如根据企业的品牌 Logo 设计网页的配色）。在这种情况下，读者通常有两种选择。

第一种选择是从 Bootstrap 框架的源文件着手，直接修改上述 8 组样式类使用的默认颜色，这就需要利用 SCSS（Sassy CSS，Sass 的一种语法格式）技术修改 Bootstrap 框架的默认设置。具体操作如下。

（1）使用 `npm install sass -g` 命令安装 SCSS 编译工具，并将 Bootstrap 框架的源文件完整地下载到本地（建议使用 `npm install bootstrap` 命令来下载）。

（2）在 Bootstrap 框架的源文件中找到路径为/scss/_variables.scss 的文件，通过修改其中的`$primary`、`$secondary`、`$success`、`$danger`、`$warning`、`$info`、`$light`和`$dark` 变量重写 Bootstrap 框架文件中定义的默认颜色。

（3）在终端环境中进入 Bootstrap 框架的根目录，使用 `npm run dist` 命令重新编译该框架（在此过程中可能会需要手动安装一些依赖项），并重新将需要的 CSS 和 JavaScript 文件复制到自己的项目中，这样就可以让默认的配色方案发生改变了。

第二种选择针对一些设计并不复杂的网页。在加载 Bootstrap 框架提供的样式文件之后，额外加载一个自定义的 CSS 文件，并在该样式文件中利用 CSS 的层叠特性对网页中特定元素的颜色进行修改。

4. 使用 Bootstrap 组件

在完成了网页的整体设计之后，安排网页中要展示的具体元素。这部分工作用于对图文类网页进行排版，或者对交互类网页进行用户界面的设计。Bootstrap 框架提供了一系列具有专用功能的页面组件，以帮助设计师设计出符合要求的网页。虽然图文信息的排版和用户界面的设计都属于本书后续项目中要讨论的主题，但是基于本项目的任务需要，先带读者简单体验一下图文轮播和图文卡片组件的使用方法，以为后续的项目实践奠定基础。

如果读者想让图片元素以幻灯片的形式在页面中自动播放，则可以考虑使用由 Bootstrap 框架提供的轮播组件来进行辅助设计。以下是关于该组件的一个简单使用示例。

```
<div id="carouselExample" class="carousel slide" data-bs-ride="carousel">
    <!-- 组件指示符 -->
    <div class="carousel-indicators">
        <button type="button" data-bs-target="#carouselExample"
            data-bs-slide-to="0" class="active" aria-current="true"
            aria-label="Slide 1">
        </button>
        <button type="button" data-bs-target="#carouselExample"
            data-bs-slide-to="1" aria-label="Slide 2">
        </button>
        <button type="button" data-bs-target="#carouselExample"
            data-bs-slide-to="2" aria-label="Slide 3">
        </button>
    </div>
    <!-- 组件主播放区 -->
```

```
        <div class="carousel-inner">
            <div class="carousel-item active">
                <img src="./img/example.png" class="d-block w-100" alt="...">
                <div class="carousel-caption">
                    <h2>第一张图</h2>
                    <p>关于第一张图的描述文字。</p>
                </div>
            </div>
            <div class="carousel-item">
                <img src="./img/example.png" class="d-block w-100" alt="...">
                <div class="carousel-caption">
                    <h2>第二张图</h2>
                    <p>关于第二张图的描述文字。</p>
                </div>
            </div>
            <div class="carousel-item">
                <img src="./img/example.png" class="d-block w-100" alt="...">
                <div class="carousel-caption">
                    <h2>第三张图</h2>
                    <p>关于第三张图的描述文字。</p>
                </div>
            </div>
        </div>
        <!-- 组件控制按钮区 -->
        <button class="carousel-control-prev" type="button"
            data-bs-target="#carouselExample" data-bs-slide="prev">
            <span class="carousel-control-prev-icon" aria-hidden="true"></span>
            <span class="visible">上一张</span>
        </button>
        <button class="carousel-control-next" type="button"
            data-bs-target="#carouselExample" data-bs-slide="next">
            <span class="carousel-control-next-icon" aria-hidden="true"></span>
            <span class="visible">下一张</span>
        </button>
    </div>
```

与轮播组件相关的样式类如下。

- carousel：通常作用于组件最外层的<div>标记，效果是将该标记所定义的元素设置为轮播组件，并为其设置该组件的基本样式。默认情况下，轮播组件采用的是亮色系的样式，如果读者想将其设置为暗色系，则需要在该样式类后面添加 carousel-dark 样式类。

- carousel-inner：carousel 类的次级样式类，通常作用于组件主内容区所在的<div>标记，效果是将该标记所定义的元素设置为轮播组件的幻灯片播放器。

- carousel-item：carousel-inner 类的次级样式类，通常作用于组件中每一张幻灯片所在的<div>标记，效果是将该标记所定义的元素设置为组件要播放的各张幻灯片。在设置幻灯片元素时，要注意以下事项。

  - 在设置了该样式类的各个<div>标记中，通常要有一个 active 样式类，否则轮播组件会无法生效。

- 在设置了该样式类的各个<div>标记中，对于用于放置图片元素的<img>标记，通常需要设置 d-block 和 w-100 这两个样式类，否则某些浏览器的预定对齐规则可能会破坏该组件的样式。

- 如果想为该组件中的每张幻灯片都添加文字说明，则可以选择在图片元素的后面添加一个设置了 carousel-caption 样式类的<div>标记，并在该标记中放置说明文字的标题和其他文本类元素。

- carousel-control-prev：carousel 类的次级样式类，通常用于设置图文轮播组件中切换至上一张幻灯片的控制按钮元素。

- carousel-control-next：carousel 类的次级样式类，通常用于设置图文轮播组件中切换至下一张幻灯片的控制按钮元素。

- carousel-indicators：carousel 类的次级样式类，通常作用于组件中指示器按钮所在的<div>标记，效果是将该标记所定义的元素设置为位于图文轮播组件底部中间的指示器按钮列表。在设置这些指示器按钮时，要注意以下事项。

- 这些按钮元素的 data-bs-target 属性要设置为当前图文轮播组件的 id 属性值。

- 这些按钮元素的 data-bs-slide 属性要设置为当前幻灯片的索引值。

- 在这些按钮元素中，要为一个按钮元素设置 active 样式类，否则这些按钮元素将无法正常工作。

要在页面中设置一些图文混合的元素，可以考虑使用 Bootstrap 框架中的卡片组件来进行辅助设计。以下是关于该组件的一个简单使用示例。

```
<div class="card w-25">
    <div class="card-header">
        这里是卡片组件的头部区域
    </div>
    <img src="./img/example.png" class="card-img-top" alt="">
    <div class="card-body">
        <h4 class="card-title">这是卡片组件的标题</h4>
        <h5 class="card-subtitle">这是卡片组件的子标题</h5>
        <p class="card-text">这里是卡片组件的主体部分。</p>
        <ul class="list-group list-group-flush">
            <li class="list-group-item">列表文本 1</li>
            <li class="list-group-item">列表文本 2</li>
            <li class="list-group-item">列表文本 3</li>
        </ul>
        <a class="card-link" href="">链接文本 1</a>
        <a class="card-link" href="">链接文本 2</a>
    </div>
    <div class="card-footer">
        这里是卡片组件的底部区域
    </div>
</div>
```

与卡片组件相关的样式类如下。

- card：用于将要设置图文混合元素的`<div>`标记定义为卡片组件，并赋予其一些脚本样式。
- card-header：card 类的次级样式类，通常用于为卡片组件定义头部区域。
- card-body：card 类的次级样式类，通常用于为卡片组件定义主体内容区域。
- card-footer：card 类的次级样式类，通常用于为卡片组件定义底部区域。
- card-title：card 类的次级样式类，通常用于为卡片组件定义标题。
- card-subtitle：card 类的次级样式类，通常用于为卡片组件定义副标题。
- card-text：card 类的次级样式类，通常用于为卡片组件定义文本内容。
- card-link：card 类的次级样式类，通常用于为卡片组件定义链接。
- card-img-*：card 类的次级样式类，通常用于为卡片组件定义其图片，其中的 * 可以是 top、bottom 和 overlay，它们分别表示该图片位于卡片组件的顶部、底部，或者覆盖在卡片组件的背景色之上。

【工作实施和交付】

在完成了上述知识准备之后，读者就可以根据【任务书】中的要求来着手设计凌雪冰熊网站的首页了。该项目的实施可以分为以下步骤。

第 1 步：创建凌雪冰熊的官方网站项目

在这一步中，主要任务是为凌雪冰熊的委托方创建一个官方网站项目，并安装 Bootstrap 框架，以便为后续要实施的各个网页设计项目奠定基础。为此，要执行以下操作。

（1）使用 Bash Shell 或 Powershell 这类命令行终端打开 Examples 目录，并通过执行 mkdir 02_SnowBear 命令创建本项目的根目录。

（2）在命令行终端中，运行 cd 02_SnowBear 命令，进入本项目的根目录，并分别通过执行 mkdir img 和 mkdir styles 这两条命令为本项目创建 img 和 styles 子目录，这两个子目录分别用于存放图片素材和自定义的样式表文件。

（3）在项目的根目录下，使用命令行终端运行 npm install bootstrap@5.3.2 --dev 命令，以便安装 Bootstrap 框架，该框架安装在项目根目录下的 node_modules/bootstrap 目录中。

（4）使用 Visual Studio Code 编辑器打开刚刚创建的 02_SnowBear 项目，并进行以下文件操作。

① 在项目的根目录下创建一个名为 index.htm 的空文件。

② 在项目的 styles 子目录下创建一个名为 main.css 的空文件。

③ 将项目委托方提供的图片资源文件复制到项目的 img 子目录下。

整个项目的目录结构如下。

```
02_SnowBear
├── index.htm
├── package-lock.json
├── package.json
├── node_modules
│   └── bootstrap
├── img
│   └── logo.png
└── styles
    └── main.css
```

（5）回到之前的命令行终端，并在项目的根目录下通过运行以下命令完成本项目的第一次版本控制操作。

```
git init
git add .
git commit -m "项目 2：创建凌雪冰熊的官方网站"
```

第 2 步：完成网站首页的布局设计

在这一步中，为了使用 HTML5 提供的布局类标记完成网站首页的布局设计，要进行以下操作。

（1）在 Visual Studio Code 编辑器中，打开 02_SnowBear 项目，并找到该项目根目录下的 index.htm 文件。因为在默认情况下网页服务器会自动将文件名为 index 或 default 的 HTML 文档作为网站的首页发送给网页浏览器，所以网站首页的设计工作将在这个文件中进行。

（2）网页设计工作通常要从定义网页的文档结构和引用要使用的 CSS 文件与 JavaScript 文件这两件事开始。在 Visual Studio Code 编辑器中，打开 index.htm 文件，并在其中输入以下代码以定义网页的文档结构。

```
<!DOCTYPE html>
<html lang="zh-CN">
    <head>
        <meta charset="UTF-8">
        <meta name="viewport"
        content="width=device-width, initial-scale=1.0">
        <!-- 引用 Bootstrap 框架的 CSS 文件 -->
        <link rel="stylesheet"
        href="./node_modules/bootstrap/dist/css/bootstrap.min.css">
        <!-- 引用使用 Bootstrap 框架需要加载的脚本文件 -->
        <script defer
        src="./node_modules/@popperjs/core/dist/umd/popper.min.js">
        </script>
        <!-- 引用 Bootstrap 框架的 JavaScript 文件 -->
        <script defer
        src="./node_modules/bootstrap/dist/js/bootstrap.min.js">
```

```
        </script>
        <!-- 引用 Font Awesome 图标库定义的样式文件 -->
        <link rel="stylesheet"
            href="https://use.fontawesome.com/releases/v5.11.2/css/all.css">
        <!-- 引用自定义的 CSS 文件 -->
        <link rel="stylesheet" href="styles/custom.css">
        <title>凌雪冰熊：来自冰雪世界的熊抱！</title>
    </head>
    <body>
        <!-- 从这里开始网页的布局设计 -->
    </body>
</html>
```

注意：上述代码中，除了引用 Bootstrap 框架的 CSS 文件与 JavaScript 文件之外，还引用了自定义的 CSS 文件。自定义的 CSS 文件主要用于设置一些与凌雪冰熊 Logo 相关的配色方案，其具体代码如下。

```
nav, main, section, footer {
    background-color: rgb(164, 205, 223);
}
```

（3）利用 HTML5 提供的布局类标记进行网站首页的布局设计。建议先从导航栏区域的设计开始。具体做法是回到 index.htm 文件中，找到<!-- 从这里开始网页的布局设计 -->这一行注释，并将其替换为以下代码。

```
<!-- 导航栏区域开始 -->
<nav class="navbar navbar-expand-lg navbar-dark navbar-text">
    <div class="container-fluid p-2">
        <a class="navbar-brand" href="#">
            <img src="./img/logo.png"  width="60" class="d-inline-block">
            <span class="fs-4">凌雪冰熊</span>
        </a>
        <button class="navbar-toggler" type="button"
        data-bs-toggle="collapse"
        data-bs-target="#navbarSupportedContent"
        aria-controls="navbarSupportedContent"
        aria-expanded="false"
        aria-label="Toggle navigation">
            <span class="navbar-toggler-icon"></span>
        </button>
        <div class="collapse navbar-collapse" id="navbarSupportedContent">
            <ul class="navbar-nav me-auto mb-2 mb-lg-0 fs-5">
                <li class="nav-item">
                <a class="nav-link active" aria-current="page" href="./index.htm">
                    首页
                </a>
                </li>
```

```
                    <li class="nav-item">
                        <a class="nav-link" href="#">新闻活动</a>
                    </li>
                    <li class="nav-item">
                        <a class="nav-link" href="#">产品展示</a>
                    </li>
                    <li class="nav-item">
                        <a class="nav-link" href="#">申请加盟</a>
                    </li>
                    <li class="nav-item dropdown">
                        <a class="nav-link dropdown-toggle"
                            href="#" id="navbarDropdown"
                            role="button" data-bs-toggle="dropdown"
                            aria-expanded="false">
                            更多信息
                        </a>
                        <ul id="dropdown-menu"
                            class="dropdown-menu"
                            aria-labelledby="navbarDropdown">
                            <li><a class="dropdown-item" href="#">企业文化</a></li>
                            <li><a class="dropdown-item" href="#">企业荣誉</a></li>
                            <li><a class="dropdown-item" href="#">企业历程</a></li>
                        </ul>
                    </li>
                </ul>
                <form class="d-flex">
                    <input class="form-control" type="search"
                        placeholder="搜索关键字" aria-label="Search">
                    <button class="btn btn-outline-success" type="submit">
                        <i class="fa fa-search fa-lg"></i>
                    </button>
                </form>
            </div>
        </div>
</nav>
<!-- 导航栏区域结束 -->
```

（4）继续页面主体区域的布局设计，建议使用<main>标记定义这一区域，具体做法是回到 index.htm 文件中，找到<!-- 导航栏区域结束 -->这一行注释，并在其后面添加以下代码。

```
<main class="container">
    <section>
        <!-- 此处将设置一个组件以轮播各地门店的照片 -->
```

```
    </section>
    <section>
        <!-- 此处将设置若干个组件以介绍连锁店的供应链 -->
    </section>
</main>
```

提示：上述代码中用于显示网站首页中具体内容元素的 Bootstrap 组件将会在后面设置，读者在这里只需将注意力集中在网页的布局设计上即可。

（5）完成页脚区域的布局设计，建议读者使用<footer>标记定义这一区域，具体做法是回到 index.htm 文件中，添加以下代码。

```
<!-- 页脚区域开始 -->
<footer class="p-3 text-light">
    <section id="contact" class="container">
        <h4>联系我们：</h4>
        <div class="row m-3">
            <!-- 使用<i>标记的 class 属性插入来自第三方库的图标 -->
            <ul class="list-unstyled col-5">
                <li><i class="fa fa-phone"></i>123-456-7890</li>
                <li><i class="fa fa-envelope"></i> message@snowbear.com</li>
                <li><i class="fa fa-map-marker"></i> 上海市浦东新区某某路×号</li>
            </ul>
            <ul class="list-unstyled col-4">
                <li><i class="fab fa-twitter"></i> @SnowBear</li>
                <li><i class="fab fa-weibo"></i> @SnowBear</li>
                <li><i class="fab fa-facebook-f"></i>凌雪冰熊官方主页</li>
            </ul>
            <div class="col-3 text-center">
                <i class="fab fa-weixin fa-3x"></i>
                <p>关注凌雪冰熊公众号</p>
            </div>
        </div>
    </section>
    <section class="container text-center m-3 ">
        <hr>
        <span>&copy; 2023 凌雪冰熊有限公司</span>
    </section>
</footer>
<!-- 页脚区域结束 -->
```

（6）在保存上述代码之后，使用网页浏览器打开 index.htm 文件，查看当前网页的设计效果，如图 2-6 所示。

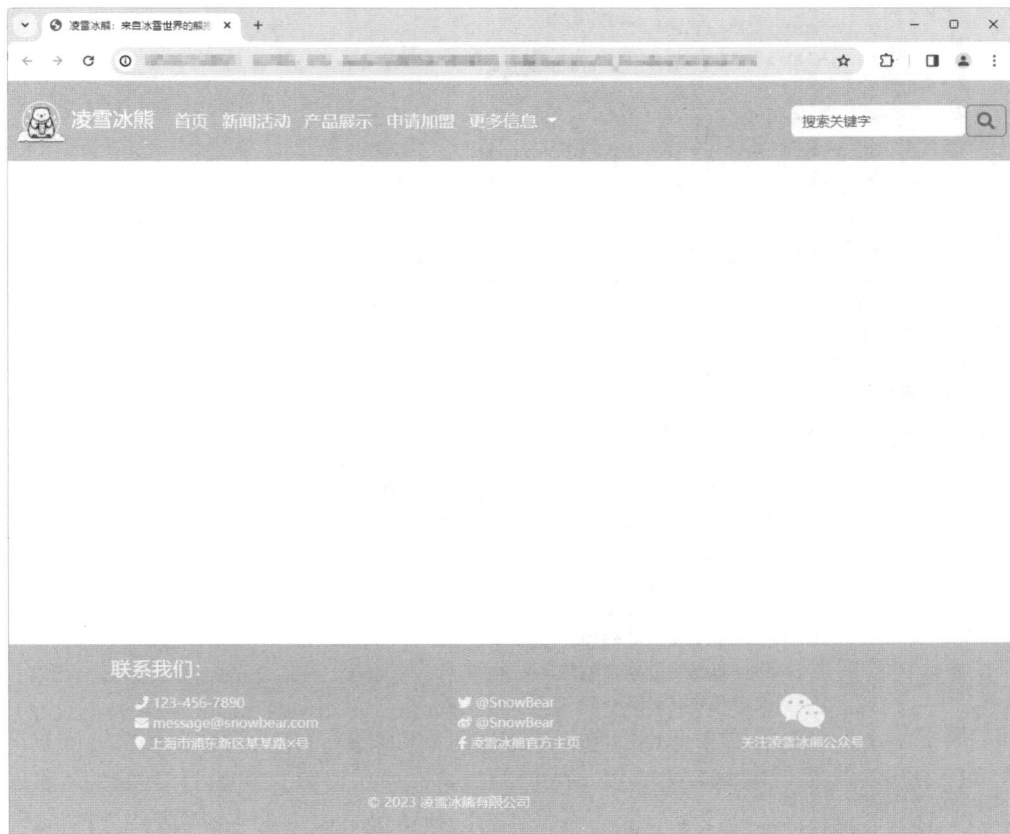

▲图 2-6 网页的设计效果

（7）回到之前的命令行终端，并在项目的根目录下通过运行以下命令完成本项目的第二次版本控制操作。

```
git add .
git commit -m "项目 2: 完成网页的整体布局设计"
```

第 3 步：填充网站首页的内容元素

在这一步中，主要任务是为网站的首页填充要展示的内容元素。这里，先带读者体验一下 Bootstrap 框架的组件给网页设计工作所带来的便利，以便为后续项目中具体组件的学习打下基础。执行以下操作来完成本项目的最后一部分工作。

（1）为了使用一个轮播组件展示凌雪冰熊饮料店在北京、上海、广州三地的代表性门店，回到 index.htm 文件中，找到<!-- 此处将设置一个组件以轮播各地门店的照片 -->这一行注释，并将其替换为以下代码。

```
<div id="carouselExample" class="carousel slide"
    data-bs-ride="carousel">
    <!-- 组件指示符 -->
    <div class="carousel-indicators ">
        <button type="button" class="active"
            data-bs-target="#carouselExample"
```

```
                data-bs-slide-to="0"
                aria-label="Slide 1">
        </button>
        <button type="button"
            data-bs-target="#carouselExample"
            data-bs-slide-to="1" aria-label="Slide 2">
        </button>
        <button type="button"
            data-bs-target="#carouselExample"
            data-bs-slide-to="2" aria-label="Slide 3">
        </button>
    </div>
    <!-- 组件主播放区 -->
    <div class="carousel-inner">
        <div class="carousel-item active">
            <img src="./img/shop1.jpg" height="650vh"
                class="d-block w-100" alt="...">
            <div class="carousel-caption text-start">
                <h2>北京门店</h2>
                <ul class="list-unstyled">
                    <li>联系人：陈经理</li>
                    <li>地址：北京市朝阳区×××</li>
                    <li>电话：123-456-7890</li>
                </ul>
            </div>
        </div>
        <div class="carousel-item">
            <img src="./img/shop2.jpg" height="650vh"
                class="d-block w-100" alt="...">
            <div class="carousel-caption text-start">
                <h2>上海门店</h2>
                <ul class="list-unstyled">
                    <li>联系人：林经理</li>
                    <li>地址：上海市浦东新区×××</li>
                    <li>电话：234-567-8901</li>
                </ul>
            </div>
        </div>
        <div class="carousel-item">
            <img src="./img/shop3.jpg" height="650vh"
                class="d-block w-100" alt="...">
            <div class="carousel-caption text-start">
                <h2>广州门店</h2>
                <ul class="list-unstyled">
                    <li>联系人：王经理</li>
                    <li>地址：广州市天河区×××</li>
                    <li>电话：345-678-9012</li>
                </ul>
            </div>
        </div>
    </div>
    <!-- 组件控制按钮区 -->
```

```
        <button class="carousel-control-prev" type="button"
            data-bs-target="#carouselExample" data-bs-slide="prev">
            <span class="carousel-control-prev-icon"
                aria-hidden="true">
            </span>
            <span class="visible">上一张</span>
        </button>
        <button class="carousel-control-next" type="button"
            data-bs-target="#carouselExample" data-bs-slide="next">
            <span class="carousel-control-next-icon"
                aria-hidden="true">
            </span>
            <span class="visible">下一张</span>
        </button>
    </div>
```

（2）为了使用 3 个卡片组件展示凌雪冰熊连锁店的供应链，回到 index.htm 文件中，找到<!-- 此处将设置若干个组件以介绍连锁店的供应链 -->这一行注释，并将其替换为以下代码。

```
<h1 class="text-center text-light my-5 fw-bolder">
    一起感受来自冰雪世界的熊抱!
</h1>
<article class="row mt-5 gx-1">
    <div class="card col-4 text-center p-3">
        <i class="fas fa-user-friends fa-5x card-img-top"></i>
        <div class="card-body">
            <h4 class="card-title">研发生产</h4>
            <ul class="list-group list-group-flush">
                <li class="list-group-item">拥有独立的研发团队</li>
                <li class="list-group-item">严格把控优质原料</li>
                <li class="list-group-item">拥有多项专利技术</li>
            </ul>
        </div>
    </div>
    <div class="card col-4 text-center text-bg-secondary p-3">
        <i class="fas fa-truck fa-5x card-img-top"></i>
        <div class="card-body">
            <h4 class="card-title">物流运作</h4>
            <ul class="list-group list-group-flush">
                <li class="list-group-item">拥有遍布全国的物流中心</li>
                <li class="list-group-item">由点到面推行物流免运费</li>
                <li class="list-group-item">构建强大而高效的物流服务</li>
            </ul>
        </div>
    </div>
    <div class="card col-4 text-center p-3">
        <i class="fas fa-tasks fa-5x card-img-top"></i>
        <div class="card-body">
            <h4 class="card-title">运营管理</h4>
            <ul class="list-group list-group-flush">
```

```
              <li class="list-group-item">拥有统一高效的品牌管理</li>
              <li class="list-group-item">严控各地门店的服务质量</li>
              <li class="list-group-item">努力提升品牌的知名度与集中力</li>
          </ul>
      </div>
    </div>
</article>
```

（3）保存上述代码，使用网页浏览器打开 index.htm 文件，查看当前网页设计的效果，如图 2-7 所示。

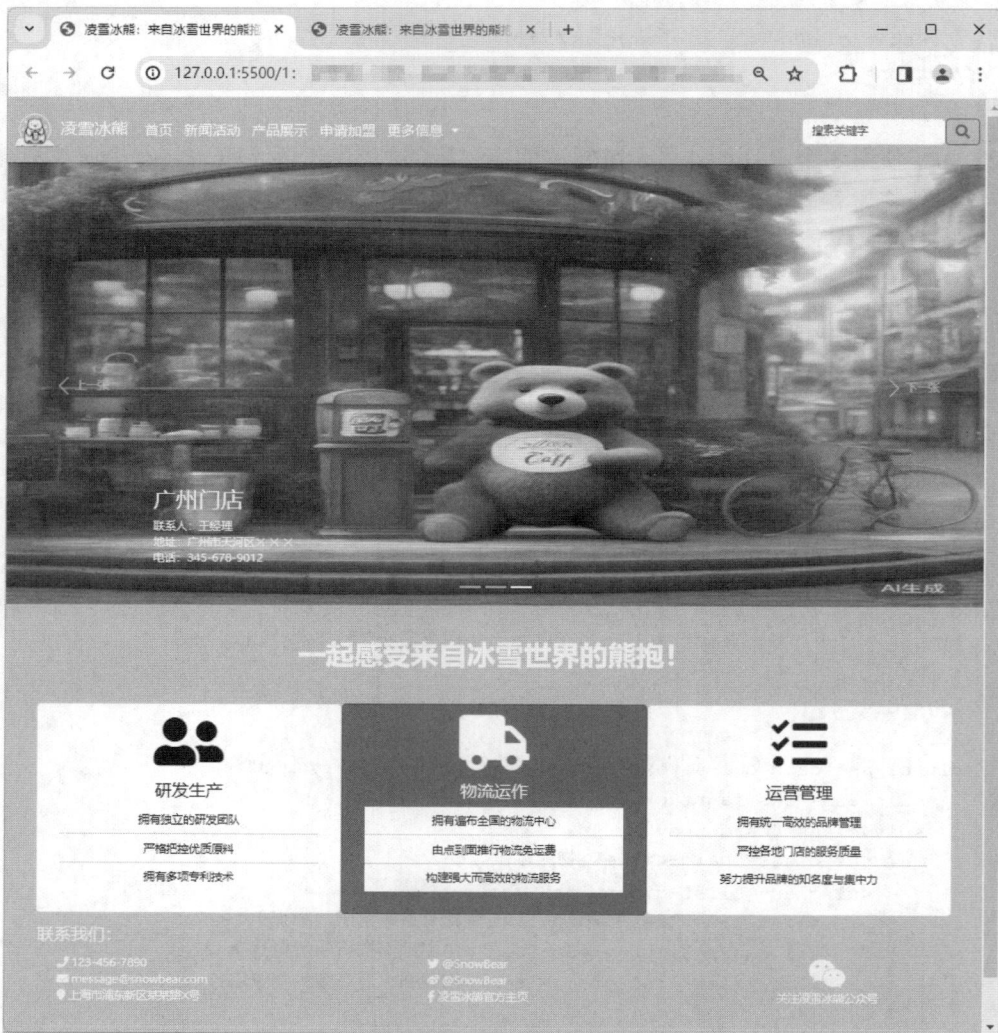

▲图 2-7　当前网页设计的效果

（4）回到之前的命令行终端，并在项目的根目录下通过执行以下命令完成本项目的第三次版本控制操作。

```
git add .
git commit -m "项目 2：完成首页内容元素的填充"
```

【拓展知识】

在本项目的实践中，读者学习的主要是基于 PC 端网页浏览器的页面布局设计，但在如今这个时代，以智能手机为代表的移动设备已经成为人们使用互联网的主要途径。然而，与基于 PC 端的网页浏览器相比，基于移动端的页面布局在设计方法上存在一定差异。因此，本项目的【拓展知识】部分将对 HTML5 与 CSS3 在移动端的网页布局设计方面的解决方案进行一些简单介绍。

知识点 1：移动端的屏幕适配

在为移动端设计网页时，设计师首先要考虑的是如何让网页动态适配各种大小不一的显示设备。Apple、Google、三星及华为等移动设备制造商之间产品的屏幕参数各不相同，就连同一设备制造商在每一年推出的同品牌同系列的产品的屏幕设计方案也存在些许差异。例如，在表 2-2 中，可以看到当前一些主流品牌系列的手机屏幕情况。[1]

表 2-2　　　　　　　　　　　　当前主流手机屏幕的情况

设备名称	操作系统	尺寸/in[1]	纵横比	分辨率/px
iPhone 12 Pro Max	iOS	6.7	19∶9	2778 × 1284
iPhone 12 Pro	iOS	6.1	19∶9	2532 × 1170
iPhone 12 Mini	iOS	5.4	19∶9	2340 ×1080
iPhone 11 Pro	iOS	5.8	19∶9	2436 × 1125
iPhone 11 Pro Max	iOS	6.5	19∶9	2688 × 1242
iPhone 11	iOS	6.1	19∶9	1792 × 828
iPhone SE	iOS	4.0	16∶9	1136 × 640
Google Pixel 3 Lite	Android	5.6	2∶1	2160 × 1080
Google Pixel	Android	5.0	16∶9	1920 × 1080
Samsung Galaxy A70 和 A80	Android	6.7	20∶9	2400 × 1080
Samsung Galaxy A60	Android	6.3	19.5∶9	2340 × 1080
Huawei P40 Pro+	鸿蒙 OS	6.58	11∶5	2640 × 1200
Huawei P40 Pro	鸿蒙 OS	6.58	11∶5	2640 × 1200

① 1 in=0.0254 m。

因此，设计师在设计网页时首先要做的就是让在载入网页时自动获取当前网页浏览器的视口尺寸。为了完成这项工作，建议使用 Chrome 浏览器的调试工具来模拟各种移动端设备。具体方法是通过单击调试工具界面顶部工具栏中的移动设备图标启动该调试工具的移动端模式（见图 2-8）。

在启动调试工具的移动端模式之后，设计师即可在图 2-8 中顶部的屏幕参数控制栏中调整所需要的视口尺寸。关于对视口尺寸的自动感知问题，当今市面上流行着几种面向不同平台的

---

① 自 iPhone 12 发布之后，各大主流手机制造商在屏幕设计上的选择逐渐趋于统一，因此这里对于 iPhone 12 发布之后的产品不再进行罗列。

解决方案，因为本书要讨论的是基于 HTML5 与 CSS3 的解决方案，所以下面重点介绍这种解决方案的基本思路。

▲图 2-8　Chrome 浏览器调试工具的移动端模式

　　在基于 HTML5 与 CSS3 技术的解决方案中，让网页在各种移动设备上自动适配屏幕的工作通常被称作响应式 Web 设计（Responsive Web Design，RWD）。RWD 是由美国著名的网页设计师伊森·马科特（Ethan Marcotte）首先提出的一种面向移动端应用的用户界面设计方式，这种设计方式致力于让基于 HTML5 定义的网页自动检测移动端设备的视口尺寸，并根据该尺寸调整网页中各元素的外观、大小及布局方式。总体而言，这一设计方案大致上可以被视为以下 3 种不同技术的搭配使用。

- **流体网格**：要求设计师在进行网页设计时尽可能使用百分比、rpx 或 rem 这样的相对单位，而不要使用像素（即 px）这样的绝对单位。
- **响应式图片**：可以使用百分比等相对单位来调整大小（最大到 100%），以防止图片元素显示于它们的上层元素外。
- **媒体查询**：让应用程序的用户界面自动获取其当前所在的屏幕情况，并采用不同 CSS 规则定义其外观样式。

　　需要特别强调的是，RWD 不是一种全新的技术，它本质上只是对现有技术的一种灵活运用，是一种从实践经验中总结的方法论。例如，在设计页面的 CSS 时，读者可以像下面这样分别定义该页面在窄屏和宽屏情况下的外观样式。

```
/* 假设以下 CSS 代码已经关联到某一 HTML 文档上，
 * 且该文档中存在一个由<nav>标记定义的导航栏元素
 */
nav {
    float: right;
}

nav ul {
    padding: 0;
    margin: 0;
```

```
        list-style: none;
    }

    nav ul li {
        color: #a2a0a0;
        float: left;
        text-transform: uppercase;
        transition: background 0.5s ease;
    }

    nav ul li:hover {
        color: white;
        background: #aaa;
    }

    nav ul li.active {
        color: white;
        background: #343831;
    }

    nav ul li a {
        display: block;
        padding: 0 40rpx;
        line-height: 100rpx;
        color: inherit;
        cursor: pointer;
        transition: all 0.3s ease;
    }

    @media screen and (max-width: 768px) {
        nav {
            width: 100%;
            padding: 100rpx 0 30rpx;
        }

        nav ul li {
            float: none;
            border-bottom: 1rpx solid lightgray;
        }
    }
```

在上述代码中，@media 是 CSS 中的媒体查询指令，该指令可以使指定 HTML 文档中的导航栏元素在浏览器视口小于 768 像素时采用面向移动端屏幕的布局方式。现如今，市面上主流的网页布局方式基本上是响应式的，且各种网页浏览器中内置了一些新的机制，这些机制进一步使网页对移动端视口感知变得更加容易。在 HTML 文档中，设计师往往会选择通过在 <head> 标签中加入 <meta name="viewport"> 标签的方式加强网页对视口尺寸的感知功能，例如，像下面这样。

```
<meta name="viewport" content="width=device-width,initial-scale=1">
```

在上述<meta>标记中，利用 HTML5 提供的 device-width 关键字将应用程序的视口宽度设置为当前设备的屏幕宽度，同时将文档放大到其预期大小的 100%。当然，之所以要设置这个标签，主要是因为移动端的浏览器会倾向于在其视口宽度上"说谎"。自从 iPhone 发布以来，人们开始在手机屏幕上查看网络信息。而由于在相当长的一段时间中，大多数网页并未对移动端做针对性优化，移动端的浏览器通常选择默认的视口宽度（即 960 像素），并基于这个宽度渲染网页，因此其渲染的效果变成了其在 PC 端浏览器上的缩放版本，这种用户体验是非常糟糕的。

更糟糕的是，如果处在网页的初始化阶段，则上述基于媒体查询等技术所做的响应式设计在某些移动端浏览器中可能无法正常地发挥作用。在这种情况下，设计师只需要在<meta>标记中加入 width=device-width 这样的设置，就可以使网页在初始化阶段自动获取所在设备的实际视口尺寸，并用它覆盖移动端浏览器默认的视口尺寸。这样，网页的初始化问题就可以得到妥善解决了。

知识点 2：基于 Bootstrap 框架的响应式设计

如果读者想更快速地构建基于响应式设计的网站，则更好的选择是使用 Bootstrap 框架中专用于响应式设计的样式类。在命名规则上，Bootstrap 框架为这些专用于响应式设计的样式类添加了以下后缀。

- -sm：表示样式类适用于小尺寸的屏幕设备（屏幕宽度小于 768 像素）。
- -md：表示样式类适用于中等尺寸的屏幕设备（屏幕宽度大于或等于 768 像素，小于或等于 992 像素）。
- -lg：表示样式类适用于大尺寸的屏幕设备（屏幕宽度大于或等于 992 像素，小于或等于 1200 像素）。
- -xl：表示样式类适用于超大尺寸的屏幕设备（屏幕宽度大于或等于 1200 像素）。

例如，对于本项目使用的栅格布局系统和导航栏组件，Bootstrap 框架提供了扩展类。

在 Bootstrap 框架中，可以通过以下扩展类对栅格布局方式进行补充，使其能更好地适应不同的屏幕尺寸。

- col-sm-*：用于设置元素在小尺寸的屏幕设备上所占的列数。
- col-md-*：用于设置元素在中尺寸的屏幕设备上所占的列数。
- col-lg-*：用于设置元素在大尺寸的屏幕设备上所占的列数。
- col-xl-*：用于设置元素在超大尺寸的屏幕设备上所占的列数。

除此之外，Bootstrap 框架还为其网格系统提供了以下基于响应式设计的扩展。

- offset-sm-*：用于设置元素在小尺寸的屏幕设备上偏移的列数。
- offset-md-*：用于设置元素在中尺寸的屏幕设备上偏移的列数。
- offset-lg-*：用于设置元素在大尺寸的屏幕设备上偏移的列数。
- offset-xl-*：用于设置元素在超大尺寸的屏幕设备上偏移的列数。
- order-sm-*：用于设置元素在小尺寸的屏幕设备上的排列顺序。
- order-md-*：用于设置元素在中尺寸的屏幕设备上的排列顺序。

- `order-lg-*`：用于设置元素在大尺寸的屏幕设备上的排列顺序。
- `order-xl-*`：用于设置元素在超大尺寸的屏幕设备上的排列顺序。

针对导航栏组件的响应式设计，Bootstrap 框架同样提供了以下扩展类。

- `navbar-expand-sm`：用于设置导航栏组件在小尺寸的屏幕设备上的样式。
- `navbar-expand-md`：用于设置导航栏组件在中尺寸的屏幕设备上的样式。
- `navbar-expand-lg`：用于设置导航栏组件在大尺寸的屏幕设备上的样式。
- `navbar-expand-xl`：用于设置导航栏组件在超大尺寸的屏幕设备上的样式。

【作业】

客户林宇一刚刚创建了一家名为"白熊前端"的培训机构，他希望为该机构设计一个网站首页，并在首页的导航栏中为将来要设计的课程简介、报名流程、原创教程、学员社区 4 个页面预留位置。假设你是他的学长，且现在已经是一位经验丰富的网页设计师，林宇一找到了你，并对网站首页的设计提出了以下需求。

- **项目名**：白熊前端官方网站的首页设计。
- **委托方**：林宇一。
- **项目资料**：白熊前端品牌的 Logo，如图 2-9 所示。
- **项目要求**：为白熊前端的官方网站设计首页，该网页的设计应符合以下要求。

▲图 2-9　白熊前端品牌的 Logo

  - 该网页的配色需与品牌的 Logo 保持一致。
  - 该网页应立足于整个网站来设计统一的布局风格。
  - 该网页应配备导航栏功能，并为后续网页的设计预留位置。
- **时间要求**：在 3 个工作日内完成。

【作业评价】

序号	评测内容	评分标准	分值	得分
1	网页信息的呈现	网页中呈现了客户提供的基本信息	20	
2	网页样式的呈现	网页外观样式展示了企业的品牌形象	20	
3	PC 端浏览器中的呈现效果	在 Chrome 和 Firefox 浏览器中网页的呈现效果一致	30	
4	移动端浏览器中的呈现效果	在基于 iOS 和 Android 系统的主流设备中网页的呈现效果一致	30	

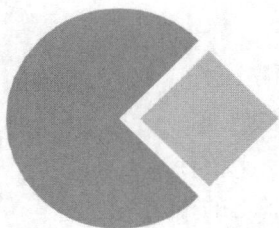

项目 3 企业网站的"新闻活动"页设计

企业网站的新闻活动页设计在网页设计领域中属于图文信息类页面设计。其设计目的是使目标网页成为一份可读性良好的电子刊物,向用户展示该企业近期的经营活动与业绩。在此类项目中,网页设计师通常会充分利用 HTML 文档中的标题、段落、强调、引用、链接、列表、表格、图片等元素来完成对图文信息的排版工作,以便人们能在良好的阅读体验下获取网站所属企业的最新资讯。因此,"新闻活动"页是企业网站设计工作中必须设计的页面之一。

【学习目标】

本项目会继续以凌雪冰熊饮料店的需求为例演示如何为企业网站设计"新闻活动"页。同时,该网页的设计必须延续该网站首页的布局风格与配色方案,并在导航栏中预留跳转到网站首页、"产品展示"页、"申请加盟"页等页面的链接。通过项目实践,读者将会初步了解完成一个图文信息类页面的排版任务所要执行的基本步骤,以及执行这些步骤所需的基本技术与相关工具。总而言之,在阅读完本项目之后,我们希望读者能够:

- 了解 HTML5 中提供的图文类标记,并掌握这些标记在网页设计工作中的具体使用方式;
- 了解在网页中进行图文排版工作时要使用的元素盒模型以及相关的元素定位问题;
- 掌握如何在网页设计工作中利用 Bootstrap 框架完成针对图文信息类页面的排版任务。

【学习场景描述】

现在,你所加入的网页设计团队已经完成了凌雪冰熊网站首页的设计,他们希望你能参照在首页设计工作中确定的整体设计风格,继续为该网站设计"新闻活动"页,以更好地展示该饮料店的最新经营活动与业绩。在这个网页设计项目中,你的主要任务是为该企业网站完成"新闻活动"页的设计。

【任务书】

- **项目名**：凌雪冰熊网站的"新闻活动"页设计。
- **委托方**：凌雪冰熊股份有限公司互联网部门。
- **项目资料如下。**
  - **代码资料**：凌雪冰熊网站现有的设计源代码。
  - **文献资料**：凌雪冰熊饮料店最近经营活动及其业绩的新闻稿与图表。
- **项目要求**：为凌雪冰熊网站设计"新闻活动"页，该网页的设计应符合以下要求。
  - 为要呈现的图文信息提供可读性良好的排版设计；
  - 在外观样式上采用与网站首页一致的布局风格及配色方案；
  - 应配备导航栏，以便用户自由切换到网站首页以及后续要设计的网页。
- **时间要求**：在 3 个工作日内完成。

【任务拆解】

本项目的实施过程可以划分为以下 3 个小任务。
- 分析凌雪冰熊网站的现有源代码，并从中提取出能用于统一样式的网页设计模板。
- 利用页面模板为凌雪冰熊网站创建"新闻活动"页，并用 HTML 标记完成页面的内容布局。
- 利用 Bootstrap 框架提供的样式类和组件来填充"新闻活动"页中的图文信息并完成排版。

【知识准备】

在经过了项目 2 的实践之后，读者已经对如何安排网页的整体布局并使用统一风格的配色方案有了基本了解。接下来，本书将根据项目的设计需求介绍如何安排网页中的 HTML 元素及其外观样式。在本项目中，读者的主要任务是为企业网站创建"新闻活动"页，目的是为该网站设计一份排版精美的电子刊物，以展示企业近期的经营活动与业绩数据。下面先介绍一下完成该项目所需要掌握的知识点与工具。同样地，如果读者已经掌握了这部分知识，可以直接进入本项目的【工作实施与交付】环节。

知识点 1：HTML5 中的图文类标记

在完成了网页布局部分的工作之后，就要安排显示在网页浏览器中的具体内容了。而在网页可显示的诸多元素中，基本的就是图文类元素了，这类元素主要包括标题、段落、引用、列表、表格、链接、图片等。用于在网页中显示这类元素的常见 HTML 标记如下。

- **<h1>~<h6>标记**：用于在网页中显示文本标题。根据 HTML 的语法规则，标题元素可以有 6 个级别，其中，<h1>标记定义的标题是最高级别的标题，而<h6>标记定义的标题是最低级别的标题。

- **<p>标记**：用于在网页中定义一个文本段落元素。
- **<strong>标记**：用于在网页中定义一个具有强调语义的文本元素，默认情况下会使用粗体字来显示该标记所包含的文本内容。
- **<em>标记**：用于在网页中定义一个具有强调语义的文本元素，但在默认情况下会使用斜体字来显示该标记所包含的文本内容。
- **<span>标记**：用于在网页中定义一个具有强调语义的文本元素，但在默认情况下并没有特定的样式，需要设计师专门定义其样式。
- **<q>标记**：用于在网页中定义一个具有引用语义的文本元素，默认情况下会使用单引号来包裹该标记所包含的文本内容。
- **<blockquote>标记**：用于在网页中定义一个引用文本框元素，它会让浏览器将引用的文本中的所有空格、换行符、制表符等原样显示出来，而不会将它们转换为 HTML 中的空格、换行符等。
- **<cite>标记**：用于定义一个表示参考资料标题或名称的文本元素，通常是书籍、文章、报纸、电影、音乐等作品的标题。
- **<pre>标记**：用于在网页中定义一个预格式文本元素，换言之，该标记的作用是让浏览器将预格式文本中的所有空格、换行符、制表符等原样显示出来。
- **
标记**：用于在网页中定义一个换行元素，换言之，该标记的作用是让浏览器在网页中显示一个换行符。
- **<hr>标记**：用于在网页中定义一条水平分割线，通常用于分隔网页中的多个章节区域。
- **<ul>+<li>标记**：用于在网页中定义一个无序列表元素。
- **<ol>+<li>标记**：用于在网页中定义一个有序列表元素。
- **<table>标记**：用于在网页中定义一个表格元素，换言之，网页中关于表格元素定义的所有代码都必须从一个<table>标记开始，并以一个</table>标记结束，其他用于描述表格行、单元格的 HTML 标记都必须放在这两个标记之间。
- **<tr>标记**：用于定义表格的"行"元素，它必须放置在<table>和</table>这两个标记之间才能有效发挥作用。换言之，表格中定义每一行的代码都必须从一个<tr>标记开始，并以一个</tr>标记结束。其中，用于描述单元格的 HTML 标记都必须放在这两个标记之间。
- **<th>标记**：用于定义表格标题行中的"单元格"元素，它必须放置在<tr>和</tr>这两个标记之间才能有效发挥作用。换言之，表格标题行中定义每个单元格元素的代码都必须从一个<th>标记开始，并以一个</th>标记结束。其中，用于显示具体信息的 HTML 标记都必须放在这两个标记之间。
- **<td>标记**：用于定义表格中除标题行之外的"单元格"元素，它必须放置在<tr>和</tr>这两个标记之间才能有效发挥作用。换言之，除标题行之外，定义表格中的每个单元格元素的代码都必须从一个<td>标记开始，并以一个</td>标记结束。其中，用于显示具体信息的 HTML 标记都必须放在这两个标记之间。
- **<a>标记**：用于在网页中定义一个超链接元素。换言之，该标记的作用是让浏览器在网页中显示一个指向其他网页的超链接文本。

- **<img>标记**：用于在网页中定义一个图像元素。换言之，该标记的作用是让浏览器在网页中显示一张图像。

下面将通过模拟设计一个网页版的图文报告模板演示上述 HTML 标记的使用方法。该示例会保存在本书源代码中的 Examples/00_demo/reportCase 目录下。在该目录下创建一个名为 index.htm 的 HTML 文件，并在其中输入如下代码。

```html
<!DOCTYPE html>
<html lang="zh-CN">
    <head>
        <meta charset="UTF-8">
        <link rel="stylesheet" href="./styles/main.css">
        <title>图文报告模板</title>
    </head>
    <body>
        <header>
            <h1>图文报告标题</h1>
            <p>发布日期: 2023 年 11 月 1 日</p>
        </header>
        <main>
            <section>
                <h2>第一部分: 概述</h2>
                <p>在这里写一些简要的介绍和背景信息,
                    并用<em>无序列表</em>元素设置一个目录。
                </p>
                <ul>
                    <li>第一部分: 概述</li>
                    <li>第二部分: 论述</li>
                    <li>第三部分: 结论</li>
                    <li>第四部分: 文献</li>
                </ul>
            </section>
            <section>
                <h2>第二部分: 论述</h2>
                <p>
                    在这里可以放置一些与报告内容相关的<em>图片、表格以及引用文字</em>。
                </p>
                <article>
                    <img src="./img/pic.png" alt="示例图片">
                    <div>
                        <h3>图文分析</h3>
                        <p>在这里可以用<em>无序列表</em>元素来做一些分析说明。</p>
                        <ul>
                            <li>第一项说明</li>
                            <li>第二项说明</li>
                            <li>第三项说明</li>
                        </ul>
                    </div>
                </article>
                <article>
```

```
                <h3>表格分析</h3>
                <table>
                    <thead>
                        <tr>
                            <th>项目名称</th>
                            <th>报价数据</th>
                            <th>相关说明</th>
                        </tr>
                    </thead>
                    <tbody>
                        <tr>
                            <td>项目 1</td>
                            <td>¥30000</td>
                            <td>在这里写一段说明文字。</td>
                        </tr>
                        <tr>
                            <td>项目 2</td>
                            <td>¥25000</td>
                            <td>在这里写一段说明文字。</td>
                        </tr>
                        <tr>
                            <td>项目 3</td>
                            <td>¥50000</td>
                            <td>在这里写一段说明文字。</td>
                        </tr>
                    </tbody>
                </table>
            </article>
            <article>
                <blockquote>
                    <h3>引用现有文献</h3>
                    <p>在这里可以使用<em>引用元素</em>援引一段现有文献中的文本段落。
                    </p>
                    <cite>— 引用自《参考资料名称》</cite>
                </blockquote>
            </article>
        </section>
        <section>
            <h2>第三部分：结论</h2>
            <p>在这里可以用<em>无序列表</em>元素来做一个总结。</p>
            <ul>
                <li><strong>结论一</strong>：在这里写一段总结文字。</li>
                <li><strong>结论二</strong>：在这里写一段总结文字。</li>
                <li><strong>结论三</strong>：在这里写一段总结文字。</li>
            </ul>
        </section>
        <section>
            <h2>第四部分：文献</h2>
            <p>在这里可以用<em>有序列表和超链接元素</em>来列举报告的参考文献。</p>
            <ol>
```

```
            <li><a href="https://www.example.com">参考文献 1</a></li>
            <li><a href="https://www.example.com">参考文献 2</a></li>
            <li><a href="https://www.example.com">参考文献 3</a></li>        </ol>
        </section>
    </main>
    <footer>
        <p>&copy; 2023 图文报告公司</p>
    </footer>
    </body>
</html>
```

接下来，只需要为上述 HTML 文档编写一些相应的 CSS 样式（该文件保存在 Examples/ 00_demo/reportCase/styles 目录下），并使用网页浏览器打开该文件，即可看到图 3-1 所示的效果。

▲图 3-1　图文类标记的使用效果

知识点 2：CSS3 中的元素盒模型

在对网页中的具体内容进行样式设置的过程中，除之前已经介绍过的尺寸设置与配色问题之外，设计师很大一部分的工作与 HTML 元素的内外边距、边框与定位这 3 个概念有关。这 3 个概念涉及如何使用 CSS3 描述 HTML 元素在网页中的外观样式，这将直接影响诸如图文信息排版、用户交互界面等具体网页设计问题的解决方案。在正式介绍这些解决方案之前，先介绍一下 CSS3 中的元素盒模型。

在使用 CSS3 进行样式设计时，设计师通常会将 HTML 文档中的每个元素都描述成一个矩形盒子，这个盒子通常被称为 CSS3 的元素盒模型。设计师需要通过它定义网页中每个元素的外观样式，包括元素的高度、宽度、内外边距、位置以及与周围其他元素之间的关系。因此，元素的盒模型也是在学习网页设计的过程中必须掌握的一个基本概念。这里将先从这个概念开始介绍完成网页样式设计工作所需掌握的基础知识。元素盒模型如图 3-2 所示。

CSS 的元素盒模型主要由内容区、内边距、边框和外边距组成，它们相互作用，共同决定了元素在 HTML 文档中最终的外观样式。

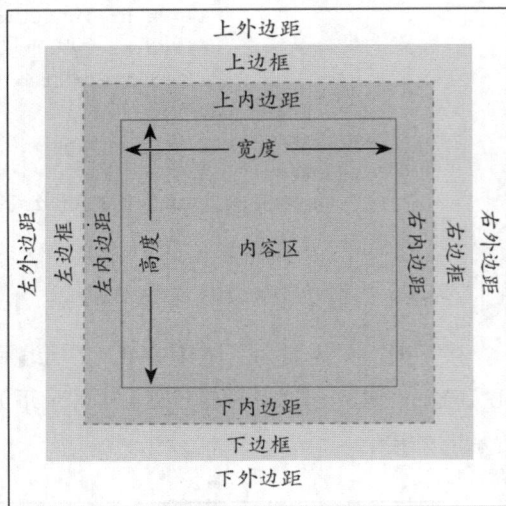

▲图 3-2　元素盒模型

内容区是元素盒模型的中央区域，它是页面元素中用于显示实际内容的地方，其中通常包含文本、图像或其他嵌套元素。对内容区的样式设置主要包括以下内容。

- 区域的大小：在 CSS3 中，可通过 `width` 和 `height` 这两个属性设置该区域的宽度和高度。
- 区域的背景：在 CSS3 中，可通过 `background-color` 和 `background-image` 这两个属性设置该区域的背景样式，前者用于设置背景的填充颜色，而后者用于设置背景图片。

例如，如果希望一个 `class="box"` 的元素有一个宽度为 200px、高度为 100px 的内容区，且背景颜色为红色，则可以为该元素指定如下样式。

```
.box {
    width: 200px;
    height: 100px;
    background-color: red;
}
```

边框是当前元素所在区域的边界线。在 CSS3 中，可以通过 `border` 属性设置边框的样式，该属性的值通常包括 4 个方向的边框样式、宽度、颜色。例如，如果想为某元素设置一个宽度为 1px、线条样式为 `solid`、颜色为#ccc 的边框，则可以为该元素指定如下样式。

```
.box {
    border: 1px solid #ccc;
}
```

在某些特定情况下，可以通过 `border-width`、`border-color` 和 `border-style` 这 3 个属性分别设置边框宽度、颜色和样式。例如，上述代码可以修改为如下形式。

```
.box {
    border-width: 1px;
    border-color: #ccc;
    border-style: solid;
}
```

另外，和内边距一样，元素的边框样式也可以从不同的方向来进行设置。换言之，可以通过 `border-top`、`border-right`、`border-bottom` 和 `border-left` 这 4 个属性单独设置元素在上、右、下、左这 4 个方向的边框。例如，如果只想为 class="box" 的元素设置一个宽度为 1px、线条样式为 solid、颜色为#ccc 的上边框，则可以指定如下样式。

```
.box {
    border-top: 1px solid #ccc;
}
```

如果希望边框的 4 个角上都有圆角效果，则可以通过 `border-radius` 属性来设置。例如，如果想为 class="box" 的元素设置一个宽度为 10px、颜色为#ccc 的圆角边框，则可以指定如下样式。

```
.box {
    /*
        border-radius 属性可以接收一个或两个参数，
        如果只设置一个参数，则表示设置 4 个角的圆角半径；
        如果设置两个参数，则第一个参数表示左上角和右下角的圆角半径，
        第二个参数表示右上角和左下角的圆角半径
    */
    border-radius: 10px;
    border: 1px solid #ccc;
}
```

如果希望为边框添加阴影效果，则可以通过 `box-shadow` 属性来设置。例如，如果想为 class="box" 的元素添加一个宽度为 1px、颜色为#ccc 的阴影，则可以指定如下样式。

```
.box {
    /*
        box-shadow 属性可以接收一个或多个参数，每个参数由逗号分隔，
        每个参数由 x-offset、y-offset、blur 和 color 组成，
        其中 x-offset 和 y-offset 分别表示阴影的水平偏移量和垂直偏移量，
        blur 表示阴影模糊半径，color 表示阴影的颜色
    */
    box-shadow: 1px 1px #ccc;
}
```

外边距是当前元素边框与相邻元素边框之间的区域，通常用来控制元素的间距。在 CSS3 中，可以通过 `margin` 属性设置外边距，其设置方法与内边距的设置方法基本相同。该属性的值也由 4 个值构成，它们分别表示上外边距、右外边距、下外边距、左外边距。例如：

```
.box {
    margin: 10px 14px 10px 14px;
}
```

在上述代码中，为 class="box" 的元素设置了 10px 的上外边距、下外边距，14px 的左外边距、右外边距。同样地，如果上外边距、下外边距的值相同，左外边距、右外边距的值也相同，则可以将 padding 属性的值简写为两个值，分别用于指定元素的上外边距、下外边距以及左外边距、右外边距。例如，上述代码可以简写为如下形式。

```
.box {
    margin: 10px 14px;
}
```

同样地，如果一个元素在上、下、左、右这 4 个方向上有相同的内边距，则可以将 margin 属性的值简写为单个值。例如，如果某个元素在每个方向上的外边距都是 14px，则可以指定如下样式。

```
.box {
    margin: 14px;
}
```

另外，在某些特定情况下，可以通过 margin-top、margin-right、margin-bottom 和 margin-left 这 4 个属性单独设置元素在上、右、下、左这 4 个方向的外边距。例如：

```
.box {
    margin-top: 10px;
    margin-right: 14px;
    margin-bottom: 10px;
    margin-left: 14px;
}
```

需要再次强调的是，正确理解元素的盒模型对于网页设计工作来说是非常重要的，因为它们会深刻影响元素在网页中的具体位置与外观样式。例如，通过调整内边距和外边距的大小，可以控制元素的间距和对齐方式。通过设置边框的样式和颜色，可以为元素添加装饰效果。通过设置内容区域的大小，可以控制元素的宽度和高度。为了通过一个简单的示例直观地感受一下 CSS3 的元素盒模型在网页中所呈现的效果，执行以下操作。

（1）创建一个 HTML 文档，在该文档中创建一个 <div class="box"> 元素，并为其设置宽度、高度、背景颜色、内边距、边框和外边距。

```
<!DOCTYPE html>
<html>
    <head>
        <style>
            .box {
                width: 200px;
                height: 100px;
                background-color: #f1f1f1;
                padding: 10px;
                border: 1px solid #ccc;
                margin: 14px;
            }
        </style>
```

```
    </head>
    <body>
        <div class="box">
            This is a box.
        </div>
    </body>
</html>
```

（2）打开 Chrome 浏览器，并访问该 HTML 文档，可以看到一个带灰色背景的盒子，其宽度为 200 像素，高度为 100 像素，内边距为 10 像素，边框为 1 像素的实线，外边距为 14 像素，并显示了"This is a box."，效果如图 3-3 所示。

▲图 3-3　元素盒模型的使用效果

知识点 3：基于 Bootstrap 框架的排版方案

在掌握了 HTML5 与 CSS3 基础知识之后，读者就可以继续了解 Bootstrap 框架中的样式类和组件了。下面会先通过一个简单的图文报告模板的设计演示一下该框架在图文信息类页面中的应用，以便读者比较相同任务的不同实现方法，并从中体验 Bootstrap 框架的便利性。该模板的设计步骤如下。

（1）在本地计算机中创建一个名为 reportCaseInBootstrap 的演示项目（这里将其创建在本书源代码中的 Examples/00_demo/reportCaseInBootstrap 目录下），并按照之前演示过的方法将 Bootstrap 框架引入该项目中。

（2）在 Visual Studio Code 编辑器中，打开刚刚创建的项目，在该项目的根目录下创建一个 index.htm 文件，并在其中输入以下代码。

```
<!DOCTYPE html>
<html lang="zh-CN">
    <head>
        <meta charset="UTF-8">
        <meta name="viewport"
            content="width=device-width, initial-scale=1.0">
        <link rel="stylesheet" href="./styles/bootstrap.min.css">
        <script src="./scripts/bootstrap.min.js" defer></script>
        <title>网页文本排版示例</title>
    </head>
    <body class="p-4 container">
        <header class="p-3 text-center">
            <h1 class="p-3 m-3">图文报告标题</h1>
            <p class="m-0">报告人：owlman</p>
            <p class="m-0">发布日期：2023 年 12 月</p>
```

```
        </header>
    <main class="row">
        <aside class="mt-3 p-3 col-3 text-bg-light">
            <h2 class="p-2">目录: </h2>
            <ul>
                <li>第一部分: 概述</li>
                <li>第二部分: 论述</li>
                <li>第三部分: 结论</li>
                <li>第四部分: 文献</li>
        <section class="p-2 col-9">
            <article class="py-2 my-3 container">
                <h2 class="mb-4 pb-2 border-bottom">第一部分: 概述</h2>
                <p>
                    在这里主要写一些报告的
                    <em class="mark">简单概要以及一些背景信息</em>。
                </p>
                <p>
                    要报告的问题包括:
                    Lorem ipsum dolor sit amet, consectetur elit.
                    Fuga facilis iure consequatur aspernatur! Libero。
                </p>
                <p>
                    报告的相关背景:
                    Lorem ipsum dolor sit amet, consectetur elit.
                    Fuga facilis iure consequatur aspernatur! Libero。
                </p>
            </article>
            <article class="py-2 my-3">
                <h2 class="mb-4 pb-2 border-bottom">第二部分: 论述</h2>
                <p>
                    在这里可以放置一些与报告内容相关的
                    <em class="mark">图片、表格以及引用文字</em>。
                </p>
                <div class="card m-2">
                    <div class="row  g-0">
                        <div class="card-body col-6">
                            <h3 class="card-title mb-4">图文分析</h3>
                            <p class="card-text">
                                在这里可以用
                                <em class="mark">无序列表和图片</em>
                                元素来做一些分析说明。
                            </p>
                            <ul class="card-text">
                                <li>第一项说明: Lorem sit amet。</li>
                                <li>第二项说明: Lorem sit amet。</li>
                                <li>第三项说明: Lorem sit amet。</li>
                                <li>第四项说明: Lorem sit amet。</li>
                                <li>第五项说明: Lorem sit amet。</li>
                                <li>第六项说明: Lorem sit amet。</li>
                                <li>第七项说明: Lorem sit amet。</li>
                            </ul>
                        </div>
                        <img class="col-6 w-50 card-img"
                            src="./img/pic.png" alt="示例图片">
```

```
                    </div>
                </div>
                <div class="p-2 m-2">
                    <h3 class="mb-4">表格分析</h3>
                    <table class="table table-striped">
                        <thead class="table-dark">
                            <tr>
                                <th>项目名称</th>
                                <th>报价数据</th>
                                <th>相关说明</th>
                            </tr>
                        </thead>
                        <tbody>
                            <tr>
                                <td>项目 1</td>
                                <td>¥30000</td>
                                <td>在这里写一段说明文字</td>
                            </tr>
                            <tr>
                                <td>项目 2</td>
                                <td>¥25000</td>
                                <td>在这里写一段说明文字</td>
                            </tr>
                            <tr>
                                <td>项目 3</td>
                                <td>¥50000</td>
                                <td>在这里写一段说明文字</td>
                            </tr>
                        </tbody>
                    </table>
                </div>
                <div class="p-2 m-2">
                    <h3 class="mb-4">引用文献</h3>
                    <blockquote class="p-3 blockquote text-bg-light">
                        <p>
                            在这里可以使用
                            <em class="mark">引用元素</em>
                            援引一段现有文献中的文本段落。
                        </p>
                        <p class="blockquote-footer text-end">
                            引用自《参考资料名称》
                        </p>
                    </blockquote>
                </div>
            </article>
            <article class="py-2 my-3 container">
                <h2 class="mb-4 pb-2 border-bottom">第三部分：结论</h2>
                <p>
                    在这里可以用
                    <em class="mark">无序列表</em>
                    元素来做一个总结。
                </p>
                <ul>
                    <li>
```

```
                            <strong class="p-1 text-bg-warning rounded ">
                                结论一
                            </strong>：在这里写一段总结文字，
                            <span>
                                ipsum dolor sit amet consectetur elit。
                            </span>
                        </li>
                        <li>
                            <strong  class="p-1 text-bg-warning rounded">
                                结论二
                            </strong>：在这里写一段总结文字，
                            <span>
                                ipsum dolor sit amet consectetur elit。
                            </span>
                        </li>
                        <li>
                            <strong class="p-1 text-bg-warning rounded">
                                结论三
                            </strong>：在这里写一段总结文字，
                            <span>
                                ipsum dolor sit amet consectetur elit。
                            </span>
                        </li>
                    </ul>
                </article>
                <article class="py-2 mt-3 container">
                    <h2 class="mb-4 pb-2 border-bottom">第四部分：文献</h2>
                    <p>
                        在这里可以用
                        <em class="mark">有序列表+超链接元素</em>
                        来列举报告的参考文献。
                    </p>
                    <ol>
                        <li><a href="https://www.example.com">
                        【引用论文的格式】[序号]作者.篇名[J].刊名，出版年份，卷号（期号）：起止页码.
                        </a></li>
                        <li><a href="https://www.example.com">
                        【引用专著的格式】[序号]作者.书名[M].出版地：出版社，出版年份：起止页码.
                        </a></li>
                    </ol>
                </article>
            </section>
        </main>
        <footer class="mt-4 p-2 border-top row text-center">
            <p class="text-muted">&copy; 2023 图文报告公司</p>
        </footer>
    </body>
</html>
```

（3）保存上述代码，使用网页浏览器打开 index.htm 文件，查看当前网页设计的效果，如图 3-4 所示。

图文报告标题

报告人：owlman
发布日期：2023年12月

第一部分：概述

在这里主要写一些报告的 *简单概要以及一些背景信息*。

要报告的问题包括： Lorem ipsum dolor sit amet, consectetur adipisicing elit. Fuga facilis iure consequatur aspernatur! Libero,

报告的相关背景： Lorem ipsum dolor sit amet, consectetur adipisicing elit. Fuga facilis iure consequatur aspernatur! Libero,

第二部分：论述

在这里可以放置一些与报告内容相关的 *图片、表格以及引用文字*。

图文分析

在这里可以用 *无序列表和图片* 元素来做一些分析说明。

- 第一项说明：Lorem sit amet。
- 第二项说明：Lorem sit amet。
- 第三项说明：Lorem sit amet。
- 第四项说明：Lorem sit amet。
- 第五项说明：Lorem sit amet。
- 第六项说明：Lorem sit amet。
- 第七项说明：Lorem sit amet。

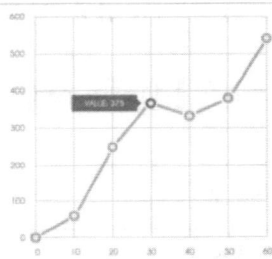

表格分析

项目名称	报价数据	相关说明
项目1	￥30000	在这里写一段说明文字
项目2	￥25000	在这里写一段说明文字
项目3	￥50000	在这里写一段说明文字

引用文献

在这里可以使用 *引用元素* 援引一段现有文献中的文本段落。

— 引用自《参考资料名称》

第三部分：结论

在这里可以用 *无序列表* 元素来做一个总结。

- **结论一**：在这里写一段总结文字，ipsum dolor sit amet consectetur elit。
- **结论二**：在这里写一段总结文字，ipsum dolor sit amet consectetur elit。
- **结论三**：在这里写一段总结文字，ipsum dolor sit amet consectetur elit。

第四部分：文献

在这里可以用 *有序列表+超链接元素* 来列举报告的参考文献。

1. 【引用论文的格式】[序号]作者.篇名[J].刊名，出版年份，卷号（期号）：起止页码。
2. 【引用专著的格式】[序号]作者.书名[M].出版地：出版社，出版年份：起止页码。

▲图 3-4　当前网页设计的效果

在该示例中仅使用 Bootstrap 框架提供的一系列样式类就实现了之前在 00_demo/ reportCase 示例中用上百行 CSS 代码实现的类似效果。下面介绍一下 Bootstrap 框架中与图文信息类页面相关的样式及其使用方法。

1. 元素基本设置

HTML/XML 文档中的元素在 CSS 视角下是以元素盒模型的形态呈现在网页浏览器中的，因此设置元素的大小及其间距是网页设计工作中最基本的任务之一。为了完成这一任务，设计师通常需要编写相应的 CSS 代码，先使用选择器匹配要设置样式的元素，再利用 width 和 height 属性设置该元素的大小，利用 margin 属性来设置该元素与相邻外界元素之间的距离（即外边距），利用 padding 属性设置该元素与其内部子元素之间的距离（即内边距）。但是，如果在项目中引入了 Bootstrap 框架，则设计师通常只需要在 HTML/XML 文档中使用 w-*、h-*、m-* 和 p-* 这 4 组预定义的样式类就可以快速完成这一任务。下面具体介绍这 4 组样式类。

w-* 样式类主要用于设置元素的宽度，它可设置的值包括 25、50、75、100 和 auto 这 5 个，如表 3-1 所示。

表 3-1　　　　　　　　　　　w-* 样式类

w-* 样式类	CSS 样式值
w-25	{width:25% !important}
w-50	{width:50% !important}
w-75	{width:75% !important}
w-100	{width:100% !important}
w-auto	{width:auto !important}

h-* 样式类主要用于设置元素的高度，它可设置的值同样包括 25、50、75、100 和 auto 这 5 个，如表 3-2 所示。

表 3-2　　　　　　　　　　　h-* 样式类

h-* 样式类	CSS 样式值
h-25	{height:25% !important}
h-50	{height:50% !important}
h-75	{height:75% !important}
h-100	{height:100% !important}
h-auto	{height:auto !important}

m-* 样式类主要用于设置元素的外边距，它可设置的值主要有 0、1、2、3、4、5 和 auto 这 7 个，如表 3-3 所示。

表 3-3   m-*样式类

m-*样式类	CSS 样式值
m-0	{margin:0 !important}
m-1	{margin:0.25rem !important}
m-2	{margin:0.5rem !important}
m-3	{margin:1rem !important}
m-4	{margin:1.5rem !important}
m-5	{margin:3rem !important}
m-auto	{margin:auto !important}

当然，也可以在 m 之后加上 l、r、t、b、x 和 y 中的任意一个，以分别设置元素的左外边距、右外边距、上外边距、下外边距、左右外边距和上下外边距。它们可以设置的值包括 0、1、2、3、4、5 和 auto 这 7 个值。Bootstrap 框架中更多用于设置外边距的样式类如表 3-4 所示。

表 3-4   Bootstrap 框架中更多用于设置外边距的样式类

样式类	CSS 样式值
ml-0	{margin-left:0 !important}
ml-1	{margin-left:0.25 !important}
ml-2	{margin-left:0.5 !important}
ml-3	{margin-left:1 !important}
ml-4	{margin-left:1.5 !important}
ml-5	{margin-left:3 !important}
ml-auto	{margin-left:auto !important}
mr-0	{margin-right:0 !important}
mr-1	{margin-right:0.25 !important}
mr-2	{margin-right:0.5 !important}
mr-3	{margin-right:1 !important}
mr-4	{margin-right:1.5 !important}
mr-5	{margin-right:3 !important}
mr-auto	{margin-right:auto !important}
mt-0	{margin-top:0 !important}
mt-1	{margin-top:0.25 !important}
mt-2	{margin-top:0.5 !important}
mt-3	{margin-top:1 !important}
mt-4	{margin-top:1.5 !important}
mt-5	{margin-top:3 !important}
mt-auto	{margin-top:auto !important}
mb-0	{margin-bottom:0 !important}
mb-1	{margin-bottom:0.25 !important}
mb-2	{margin-bottom:0.5 !important}
mb-3	{margin-bottom:1 !important}
mb-4	{margin-bottom:1.5 !important}

样式类	CSS 样式值
mb-5	{margin-bottom:3 !important}
mb-auto	{margin-bottom:auto !important}
mx-0	{margin-left:0 !important;margin-right:0 !important}
mx-1	{margin-left:0.25 !important;margin-right:0.25 !important}
mx-2	{margin-left:0.5 !important;margin-right:0.5 !important}
mx-3	{margin-left:1 !important;margin-right:1 !important}
mx-4	{margin-left:1.5 !important;margin-right:1.5 !important}
mx-5	{margin-left:3 !important;margin-right:3 !important}
mx-auto	{margin-left:auto !important;margin-right:auto !important}
my-0	{margin-top:0 !important;margin-bottom:0 !important}
my-1	{margin-top:0.25 !important;margin-bottom:0.25 !important}
my-2	{margin-top:0.5 !important;margin-bottom:0.5 !important}
my-3	{margin-top:1 !important;margin-bottom:1 !important}
my-4	{margin-top:1.5 !important;margin-bottom:1.5 !important}
my-5	{margin-top:3 !important;margin-bottom:3 !important}
my-auto	{margin-top:auto !important;margin-bottom:auto !important}

p-*样式类主要用于设置元素的内边距，它可设置的值主要有 0、1、2、3、4、5 和 auto 这 7 个，如表 3-5 所示。

表 3-5　　　　　　　　　　　　　　　p-*样式类

p-*样式类	CSS 样式值
p-0	{padding:0 !important}
p-1	{padding:0.25rem !important}
p-2	{padding:0.5rem !important}
p-3	{padding:1rem !important}
p-4	{padding:1.5rem !important}
p-5	{padding:3rem !important}
p-auto	{padding:auto !important}

同样地，也可以在 p 之后加上 l、r、t、b、x 和 y 中的任意一个，以分别设置元素的左内边距、右内边距、上内边距、下内边距、左右内边距和上下内边距，它们可以设置的值包括 0、1、2、3、4、5 和 auto 这 7 个值。Bootstrap 框架中更多用于设置内边距的样式类如表 3-6 所示。

表 3-6　　　　　　　　　　Bootstrap 框架中更多用于设置内边距的样式类

样式类	CSS 样式值
pl-0	{padding-left:0 !important}
pl-1	{padding-left:0.25rem !important}
pl-2	{padding-left:0.5rem !important}
pl-3	{padding-left:1rem !important}
pl-4	{padding-left:1.5rem !important}

样式类	CSS 样式值
pl-5	{padding-left:3rem !important}
pl-auto	{padding-left:auto !important}
pr-0	{padding-right:0 !important}
pr-1	{padding-right:0.25rem !important}
pr-2	{padding-right:0.5rem !important}
pr-3	{padding-right:1rem !important}
pr-4	{padding-right:1.5rem !important}
pr-5	{padding-right:3rem !important}
pr-auto	{padding-right:auto !important}
pt-0	{padding-top:0 !important}
pt-1	{padding-top:0.25rem !important}
pt-2	{padding-top:0.5rem !important}
pt-3	{padding-top:1rem !important}
pt-4	{padding-top:1.5rem !important}
pt-5	{padding-top:3rem !important}
pt-auto	{padding-top:auto !important}
pb-0	{padding-bottom:0 !important}
pb-1	{padding-bottom:0.25rem !important}
pb-2	{padding-bottom:0.5rem !important}
pb-3	{padding-bottom:1rem !important}
pb-4	{padding-bottom:1.5rem !important}
pb-5	{padding-bottom:3rem !important}
pb-auto	{padding-bottom:auto !important}
px-0	{padding-left:0 !important; padding-right:0 !important}
px-1	{padding-left:0.25rem !important; padding-right:0.25rem !important}
px-2	{padding-left:0.5rem !important; padding-right:0.5rem !important}
px-3	{padding-left:1rem !important; padding-right:1rem !important}
px-4	{padding-left:1.5rem !important; padding-right:1.5rem !important}
px-5	{padding-left:3rem !important; padding-right:3rem !important}
px-auto	{padding-left:auto !important; padding-right:auto !important}
py-0	{padding-top:0 !important; padding-bottom:0 !important}
py-1	{padding-top:0.25rem !important; padding-bottom:0.25rem !important}
py-2	{padding-top:0.5rem !important; padding-bottom:0.5rem !important}
py-3	{padding-top:1rem !important; padding-bottom:1rem !important}
py-4	{padding-top:1.5rem !important; padding-bottom:1.5rem !important}
py-5	{padding-top:3rem !important; padding-bottom:3rem !important}
py-auto	{padding-top:auto !important; padding-bottom:auto !important}

　　设计师可以利用 Bootstrap 框架提供的这些样式类为页面元素设置相应的宽度和内外边距，以便它们以更合适的形态呈现在页面中，这些操作都是对网页进行图文信息排版时首先要完成的任务。

2. 文本元素设置

对于网页中可显示的文本类元素，Bootstrap 框架先设置一些默认的文本样式，再为页面中经常出现的标题、段落、强调、链接等纯文本元素预定义一系列相应的样式类，且这些样式类之间有一定的相互配合关系。

Bootstrap 框架默认为网页中显示的文本进行了以下设置。

- font-family 属性设置为'Helvetica Neue', Helvetica, Arial, sans-serif。这用于设置一个常见的字体栈，如果用户的设备上安装了"Helvetica Neue"字体，则使用它；否则，依次尝试使用"Helvetica""Arial"和"sans-serif"字体。
- font-size 属性设置为 16px。这用于设置文本的默认字体大小。在 Bootstrap 框架中，1rem 等于 16px，因此可以通过设置 rem 快速调整文本的大小。
- line-height 属性设置为 1.5。这用于设置文本行高的默认值。行高指的是文本行与行的垂直间距，使用相对单位 1.5 可以确保行高与字体大小的比例关系，使文本更易读。
- font-weight 属性设置为 400。这用于设置文本的默认字体粗细。其中，400 表示正常的字体粗细，可以通过设置其他值实现不同的粗细效果，如 bold 表示加粗。

对于页面中<h1>到<h6>这 6 个标题元素，Bootstrap 框架中预定义了 h1 到 h6 这 6 个对应的样式类，以便为它们设置更粗的字体（通过 font-weight）以及更具有响应能力的字号（通过 font-size）。除此之外，该框架提供了 display-1 到 display-6 这 6 个样式类，以便设置更大的字号（通过 font-size）以及更大的行高（通过 line-height）。Bootstrap 框架中用于设置标题文本的样式类如表 3-7 所示。

表 3-7　　　　　　　　　　Bootstrap 框架中用于设置标题文本的样式类

样式类	CSS 样式值
h1	font-size: 3.5rem; line-height: 4rem;
h2	font-size: 2.5rem; line-height: 3rem;
h3	font-size: 2rem; line-height: 2.5rem;
h4	font-size: 1.5rem; line-height: 2rem;
h5	font-size: 1.25rem; line-height: 1.75rem;
h6	font-size: 1rem; line-height: 1.5rem;
display-1	font-size: 6rem; line-height: 1.2;
display-2	font-size: 5.5rem; line-height: 1.2;
display-3	font-size: 4.5rem; line-height: 1.2;
display-4	font-size: 3.5rem; line-height: 1.2;
display-5	font-size: 2.75rem; line-height: 1.2;
display-6	font-size: 2rem; line-height: 1.2;

当然，以上是根据 Bootstrap 框架的官方文档进行的说明。注意，这些样式值可能会因为 Bootstrap 版本的不同而有所变化。建议读者在使用这些样式类时参考该框架的官方文档，以确保信息的准确性。

对于页面中的文本类元素，Bootstrap 框架提供了以下通用的样式类，以便设计师为页面赋予不同的文本样式。

- **fs-1 到 fs-6**：这组样式类的用法与之前介绍的标题文本样式的用法类似，区别是标题文本样式同时包含对 font-size 和 line-height 这两个属性的设置，而这组样式类只包含对 font-size 属性的设置。
- **fst-***：用于设置文本元素的 font-style 属性。其中，*表示文本元素的字体样式，具体如下。
  - **fst-italic**：使其作用的文本以斜体的字体来显示。
  - **fst-normal**：使其作用的文本以正常的字体来显示。
- **fw-***：用于设置文本元素的 font-weight 属性。其中，*表示文本元素的字体粗细，具体如下。
  - **fw-light**：使其作用的文本以细的字体来显示。
  - **fw-lighter**：使其作用的文本以更细的字体来显示。
  - **fw-normal**：使其作用的文本以正常的字体来显示。
  - **fw-medium**：使其作用的文本以中等粗的字体来显示。
  - **fw-bold**：使作用的文本以粗的字体来显示。
  - **fw-semibold**：使其作用的文本以半粗的字体来显示。
  - **fw-bolder**：使作用的文本以更粗的字体来显示。
- **lh-***：用于设置文本元素的 line-height 属性，具体如下。
  - **lh-base**：使其作用的文本以 **Bootstrap** 框架默认的行高来显示。
  - **lh-1**：使其作用的文本以 1 倍行高来显示。这意味着文本的行高将与字体大小相等，即相邻文本没有额外的垂直间距。
  - **lh-sm**：使其作用的文本以较小字体对应的行高来显示。具体的行高值会根据具体的字体大小进行调整，以保持一致的比例关系。
  - **lh-lg**：使其作用的文本以较大字体对应的行高来显示。具体的行高值会根据字体大小进行调整，以保持一致的比例关系。
- **text-start**：使其作用的段落文本以左对齐的形式来显示。
- **text-center**：使其作用的段落文本以居中对齐的形式来显示。
- **text-end**：使其作用的段落文本以右对齐的形式来显示。
- **text-truncate**：使其作用的段落文本对溢出元素大小的部分呈现带省略号的截断效果。
- **text-break**：禁止其作用的段落文本对其内容以字母为对象来进行自动换行。
- **text-wrap**：使其作用的文本元素对其内容以单词为对象来进行自动换行。
- **text-nowrap**：禁止其作用的文本元素对其内容进行自动换行。

对于页面中用<span>、<strong>、<em>、<small>、<abbr>、<blockquote>、<cite>、<code>、<sub>、<sup>、<del>等标记定义的文本类元素，Bootstrap 框架提供了一系列预定义样式类。

如果要用颜色来突出特定文本的外观，则可以使用之前介绍过的 text-primary、text-secondary、text-success、text-danger、text-warning、text-info、 text-light、text-dark 样式类来进行设置。

mark 用于为其作用的文本元素添加类似荧光笔标注的高亮效果。

lead 用于为其作用的文本元素添加字体放大的强调效果。

small 用于为其作用的文本元素添加字体缩小的注释效果。

text-muted 用于为其作用的文本元素添加浅灰色字体的注释效果。

text-decoration-line-through 用于为其作用的文本元素添加删除线的效果。

text-decoration-underline 用于为其作用的文本元素添加下画线的效果。

text-decoration-none 用于去除其作用的文本元素的下画线、删除线等效果。

text-uppercase 仅对英文文本有效，用于使文本中所有字母都以大写形式显示。

text-lowercase 仅对英文文本有效，用于使文本中所有字母都以小写形式显示。

text-capitalize 仅对英文文本有效，用于使文本中所有单词的首字母都以大写形式显示。

blockquote 通常会搭配<blockquote>标签使用，用于为其作用的元素添加引用语义的样式。

blockquote-footer 通常会搭配<blockquote>+<cite>标签使用，用于为其作用的元素添加代表引用出处的样式。

对于页面中用<a>标记的链接文本，Bootstrap 框架提供了一系列预定义样式类。

要设置链接文本样式中的文本颜色，可以使用 link-primary、link-secondary、link-success、link-danger、link-warning、link-info、link-light、link-dark 样式类。前面已经讨论过这些颜色类的用法，这里不赘述。

要设置链接文本样式中文本的不透明度，可以使用 link-opacity-*这组样式类，其具体名称如下。

- link-opacity-10：为其作用的链接文本元素设置 10%的不透明度。
- link-opacity-25：为其作用的链接文本元素设置 25%的不透明度。
- link-opacity-50：为其作用的链接文本元素设置 50%的不透明度。
- link-opacity-75：为其作用的链接文本元素设置 75%的不透明度。
- link-opacity-100：为其作用的链接文本元素设置 100%的不透明度。

要设置鼠标指针悬停在链接上时文本的不透明度，可以使用 link-opacity-*-hover 样式类，这里*的取值与 link-opacity-*中的相同，效果也相同。

要设置链接文本样式中下画线的颜色，可以使用 link-underline-primary、link-underline-secondary、link-underline-success、link-underline-danger、link-underline-warning、link-underline-info、link-underline-light、link-underline-dark 样式类。前面已经讨论过这些颜色类的用法，这里不赘述。

要设置鼠标指针悬停在链接上时下画线的颜色,可以使用 link-underline-primary-hover、link-underline-secondary-hover、link-underline-success-hover、link-underline-danger-hover、link-underline-warning-hover、link-underline-info-hover、link-underline- light-hover、link-underline-dark-hover 样

式类。

要设置链接文本样式中下画线的不透明度，可以使用 `link-underline-opacity-*` 样式类。其中，`*` 的取值与 `link-opacity-*` 中的相同，效果也相同，这里不赘述。

要设置鼠标指针悬停在链接上时下画线的不透明度，可以使用 `link-underline-opacity-*-hover` 样式类。其中，`*` 的取值与 `link-opacity-*` 中的相同，效果也相同，这里不赘述。

要设置链接文本样式中下画线与文本之间的距离，可以使用 `link-offset-*` 样式类。其具体名称如下。

- `link-offset-1`：在其作用的链接元素的下画线与文本之间设置 1em 的间距。
- `link-offset-2`：在其作用的链接元素的下画线与文本之间设置 2em 的间距。
- `link-offset-3`：在其作用的链接元素的下画线与文本之间设置 3em 的间距。

要设置鼠标指针悬停在链接上时下画线与文本之间的距离，可以使用 `link-offset-*-hover` 样式类。其中，`*` 的取值与 `link-offset-*` 中的相同，效果也相同，这里不赘述。

3. 图表元素设置

除了纯文本类的元素之外，设计师在网页设计工作中还经常会用到列表、表格、图片等图表类元素，以便于展示一些特定内容。Bootstrap 框架为这些图表类元素提供了多种样式类和组件。

对于页面中用 `<ul>`+`<li>`、`<ol>`+`<li>` 这两组标记定义的无序列表或有序列表元素，Bootstrap 框架提供了 `list-*` 样式类来辅助设计师定义其样式，其具体名称如下。

- `list-unstyled`：去除列表类元素中的默认样式，使列表类元素中的列表项内容不再有默认的 1.、a. 等样式前缀。注意，该样式类只对其作用的列表元素的直接列表项起作用，如果该列表元素中还嵌套了其他的列表类元素，则这些嵌套的列表类元素依然会有其默认样式。
- `list-inline`：为列表类元素中的列表项内容设置内联样式，这会使列表元素中的列表项内容之间没有换行。

如果要在页面中建立一个更复杂的列表元素，则可以使用 Bootstrap 框架提供的"列表群组"组件来进行辅助设计。与该组件相关的样式类主要如下。

- `list-group`：通常作用于由 `<ul>` 或 `<ol>` 标记定义的列表元素，其效果是将列表元素设置为一个列表群组，其基本样式是一个带圆角边框的 `<ul>` 或 `<ol>` 列表元素。列表群组中的列表项内容会沿垂直方向排列。
  - 如果要让列表项沿水平方向排列，则需要在 `list-group` 类的后面加上 `list-group-horizontal` 样式类。
  - 如果要去掉元素的圆角边框，则需要在 `list-group` 类的后面加上 `list-group-flush` 样式类。
  - 对于由 `<ol>` 标记定义的有序列表，可以在 `list-group` 样式类的后面加上 `list-group-numbered` 样式类，以使列表群组中的列表项内容前面带有序编号。

- `list-group-item`：通常与 `list-group` 类搭配使用，主要作用于被定义为列表群组的列表元素中的每一个`<li>`标记，效果是为每个列表项设置一个基本样式。其基本样式是`<li>`元素中内容与列表项的边框没有间距，同时列表项的边框会与列表群组的边框有 `1px` 的间距。
  - 如果想去掉列表项的边框，则可以在该样式类的后面加上 `list-group-item-no-border` 样式类。
  - `list-group-item` 样式类后面通常会再加上 `active`、`disabled`、`focus`、`hover` 样式类，它们分别用于设置列表群组元素中的列表项内容处于激活状态、不可用状态、获得焦点状态、鼠标指针悬停状态时的样式。

在使用 Bootstrap 框架设计表格元素的样式时，`table` 是经常用到的样式类，它会为表格设置一些基本样式。在基本样式的基础上，Bootstrap 框架提供了 `table-*` 样式类来辅助设计师设置一些更复杂的表格样式。

要设置表格元素的颜色，可以使用之前介绍过的 `table-primary`、`table-secondary`、`table-success`、`table-danger`、`table-warning`、`table-info`、`table-light`、`table-dark` 样式类来进行设置，这里不赘述。唯一需要补充的是，这些样式类不仅可以作用于定义整个表格元素的`<table>`标记（以便定义表格的全局样式），还可以作用于定义表格各个局部元素的`<thead>`、`<tbody>`、`<tfoot>`、`<tr>`、`<th>`、`<td>`等子标记（以便设置表格的局部样式）。

`table-hover` 用于为表格元素添加鼠标指针悬停时的效果，与颜色样式相同，该样式类也可作用于表格的局部元素。

`table-active` 通常只作用于表格中的局部元素，被设置的行或单元格会突出显示。

`table-striped` 用于将表格类元素中的奇数行设置为浅色背景，偶数行设置为深色背景。

`table-bordered` 用于为表格类元素中的所有单元格设置边框。

`table-borderless` 用于为表格类元素中的所有单元格去除边框。

`table-condensed` 用于为表格类元素中的所有单元格设置紧凑的间距。

`table-responsive` 用于为表格类元素设置响应式表格效果，使表格类元素在移动设备上可以正常显示。

对于页面中使用`<img>`标记定义的图片元素，Bootstrap 框架提供了 `img-*` 样式类，其具体名称如下。

- `img-fluid`：为图片元素设置响应式布局的效果，以便它能自动适应各种尺寸的屏幕。
- `img-thumbnail`：为图片元素设置宽度为 `1px` 的圆角边框效果。
- `float-start`：为图片元素设置浮动效果，并将其向左浮动。
- `float-end`：为图片元素设置浮动效果，并将其向右浮动。
- `mx-auto`：为已被设置为块级元素的图片设置居中显示的效果。

【工作实施和交付】

在完成了上述知识准备之后，读者就可以根据【任务书】中的要求着手设计凌雪冰熊网站的"新闻活动"页了。该项目的实施可以分为以下步骤。

第 1 步：分析现有源代码并提取网页模板

在这一步中，主要任务是分析凌雪冰熊网站首页的代码，并将其中可以重用的部分保存为一个网页设计模板，用于创建该网站的其他网页。为此，要执行以下操作。

（1）使用 Powershell 或 Bash Shell 命令行终端进入凌雪冰熊网站项目的根目录（在本书的源代码中，这里指的是项目 2 中创建的 Examples/02_SnowBear 目录），并通过执行 cp index.htm template.htm 命令，将网站首页的源代码保存为一个网页设计模板文件。

（2）使用 Visual Studio Code 编辑器打开并仔细阅读刚刚创建的 template.htm 文件。经过源代码分析，读者应该可以得知该网站首页中的导航栏和页脚部分是可以重用的。

（3）删除 template.htm 文件中<main>标记下所有的子标记，并用<!-- 在此处填充网页的主体内容 -->这行注释来充当网页主体内容的占位符。此时，该模板文件中的代码应该如下所示。

```
<!DOCTYPE html>
<html lang="zh-CN">
    <head>
        <meta charset="UTF-8">
        <meta name="viewport"content="width=device-width, initial-scale=1.0">
        <!-- 引用 Bootstrap 框架的 CSS 文件 -->
        <link rel="stylesheet"href="./node_modules/bootstrap/dist/css/bootstrap.min.css">
        <!-- 引用使用 Bootstrap 框架需要加载的脚本文件 -->
        <script defer src="./node_modules/@popperjs/core/dist/umd/popper.min.js"></script>
        <!-- 引用 Bootstrap 框架的 JavaScript 文件 -->
        <script defer src="./node_modules/bootstrap/dist/js/bootstrap.min.js"></script>
        <!-- 引用 Font Awesome 图标库定义的样式文件 -->
        <link rel="stylesheet" href="https://use.fontawesome.com/releases/v5.11.2/css/all.css">
        <!-- 引用自定义的 CSS 文件 -->
        <link rel="stylesheet" href="styles/custom.css">
        <title>凌雪冰熊：来自冰雪世界的熊抱！</title>
    </head>
    <body>
        <!-- 导航栏区域开始 -->
        <nav class="navbar navbar-expand-lg navbar-dark navbar-text">
            <div class="container-fluid p-2">
                <a class="navbar-brand" href="#">
                    <img src="./img/logo.png"
                        width="60" class="d-inline-block">
                    <span class="fs-4">凌雪冰熊</span>
                </a>
```

```html
            <button class="navbar-toggler" type="button"data-bs-toggle="collapse"
                data-bs-target="#navbarSupportedContent"
                aria-controls="navbarSupportedContent"aria-expanded="false"
                aria-label="Toggle navigation">
                <span class="navbar-toggler-icon"></span>
            </button>
            <div class="collapse navbar-collapse"id="navbarSupportedContent">
                <ul class="navbar-nav me-auto mb-2 mb-lg-0 fs-5">
                    <li class="nav-item">
                        <a class="nav-link active"aria-current="page" href="#">
                        首页
                        </a>
                    </li>
                    <li class="nav-item">
                        <a class="nav-link" href="#">新闻活动</a>
                    </li>
                    <li class="nav-item">
                        <a class="nav-link" href="#">产品展示</a>
                    </li>
                    <li class="nav-item">
                        <a class="nav-link" href="#">申请加盟</a>
                    </li>
                    <li class="nav-item dropdown">
                        <a class="nav-link dropdown-toggle"
                            href="#" id="navbarDropdown"
                            role="button" data-bs-toggle="dropdown"
                            aria-expanded="false">
                            更多信息
                        </a>
                        <ul id="dropdown-menu"
                            class="dropdown-menu"
                            aria-labelledby="navbarDropdown">
                            <li><a class="dropdown-item" href="#">企业文化</a></li>
                            <li><a class="dropdown-item" href="#">企业荣誉</a></li>
                            <li><a class="dropdown-item" href="#">企业历程</a></li>
                        </ul>
                    </li>
                </ul>
                <form class="d-flex">
                    <input class="form-control" type="search"
                        placeholder="搜索关键字" aria-label="Search">
                    <button class="btn btn-outline-success"type="submit">
                        <i class="fa fa-search fa-lg"></i>
                    </button>
                </form>
            </div>
        </div>
    </nav>
```

```
        <!-- 导航栏区域结束 -->
        <!-- 主体区域开始 -->
        <main class="container-fluid g-0">
            <!-- 在此处填充网页的主体内容 -->
        </main>
        <!-- 主体区域结束 -->
        <!-- 页脚区域开始 -->
        <footer class="p-3 text-light">
            <section id="contact" class="container">
                <h4>联系我们: </h4>
                <div class="row m-3">
                    <!-- 使用<i>标记的 class 属性插入来自第三方库的图标 -->
                    <ul class="list-unstyled col-5">
                        <li><i class="fa fa-phone"></i> 123-456-7890</li>
                        <li><i class="fa fa-envelope"></i> message@snowbear.com</li>
                        <li><i class="fa fa-map-marker"></i>上海市浦东新区某某路×号</li>
                    </ul>
                    <ul class="list-unstyled col-4">
                        <li><i class="fab fa-twitter"></i> @SnowBear</li>
                        <li><i class="fab fa-weibo"></i> @SnowBear</li>
                        <li><i class="fab fa-facebook-f"></i>凌雪冰熊官方主页</li>
                    </ul>
                    <div class="col-3 text-center">
                        <i class="fab fa-weixin fa-3x"></i>
                        <p>关注凌雪冰熊公众号</p>
                    </div>
                </div>
            </section>
            <section class="container text-center m-3 ">
                <hr>
                <span>&copy; 2023 凌雪冰熊有限公司</span>
            </section>
        </footer>
        <!-- 页脚区域结束 -->
    </body>
</html>
```

（4）保存上述文件，回到之前的命令行终端，并在项目的根目录下通过执行以下命令来完成本项目的第一次版本控制操作。

```
git init
git add .
git commit -m "项目 3: 创建网站的网页设计模板"
```

第 2 步: 创建"新闻活动"页并完成布局

在这一步中，主要任务是基于刚刚创建的网页设计模板创建网站的"新闻活动"页，并完成该页面主体部分的内容布局。为此，要执行以下操作。

（1）使用命令行终端回到凌雪冰熊网站项目的根目录下，并通过执行 `cp template.htm news.htm` 命令创建该网站的"新闻活动"页。

（2）使用 Visual Studio Code 编辑器打开刚刚创建的 news.htm 文件，找到页面的导航栏部分并将其当前页由"首页"改为"新闻活动"，具体代码如下。

```html
<nav class="navbar navbar-expand-lg navbar-dark navbar-text">
    <div class="container-fluid p-2">
        <a class="navbar-brand" href="#">
            <img src="./img/logo.png"  width="60" class="d-inline-block">
            <span class="fs-4">凌雪冰熊</span>
        </a>
        <button class="navbar-toggler" type="button"data-bs-toggle="collapse"
            data-bs-target="#navbarSupportedContent"
            aria-controls="navbarSupportedContent" aria-expanded="false"
            aria-label="Toggle navigation">
            <span class="navbar-toggler-icon"></span>
        </button>
        <div class="collapse navbar-collapse" id="navbarSupportedContent">
            <ul class="navbar-nav me-auto mb-2 mb-lg-0 fs-5">
                <li class="nav-item">
                    <a class="nav-link" href="./index.htm">首页</a>
                </li>
                <li class="nav-item">
                    <a class="nav-link active" aria-current="page" href="./news.htm">
                        新闻活动
                    </a>
                </li>
                <li class="nav-item">
                    <a class="nav-link" href="#">产品展示</a>
                </li>
                <li class="nav-item">
                    <a class="nav-link" href="#">申请加盟</a>
                </li>
                <li class="nav-item dropdown">
                    <a class="nav-link dropdown-toggle"
                        href="#" id="navbarDropdown"
                        role="button" data-bs-toggle="dropdown"
                        aria-expanded="false">
                        更多信息
                    </a>
                    <ul id="dropdown-menu"
                        class="dropdown-menu"
                        aria-labelledby="navbarDropdown">
                        <li><a class="dropdown-item" href="#">企业文化</a></li>
                        <li><a class="dropdown-item" href="#">企业荣誉</a></li>
                        <li><a class="dropdown-item" href="#">企业历程</a></li>
                    </ul>
                </li>
            </ul>
            <form class="d-flex">
                <input class="form-control" type="search"
                    placeholder="搜索关键字" aria-label="Search">
                <button class="btn btn-outline-success" type="submit">
```

```
                <i class="fa fa-search fa-lg"></i>
            </button>
        </form>
    </div>
    </div>
</nav>
```

（3）在 news.htm 文件中找到<!-- 在此处填充网页的主体内容 -->这一行注释，并将其替换为以下代码。

```
<div class="row">
    <aside class="m-3 px-3 col-3">
        <!-- 在此处使用列表元素设置新闻活动页的目录 -->
    </aside>
    <section class="p-2 col-8">
        <!-- 在此处填充新闻活动页的新闻稿 -->
    </section>
</div>
```

（4）回到之前的命令行终端，并在项目的根目录下通过执行以下命令来完成本项目的第二次版本控制操作。

```
git add .
git commit -m "项目 3：完成"新闻活动"页的创建"
```

第 3 步：对页面进行内容填充并排版

在这一步中，主要任务是使用 HTML 中的图文信息类标记填充委托方提供的图文信息，并利用 Bootstrap 框架提供的样式类完成对这些信息的排版工作。为此，要执行以下操作。

（1）使用 Visual Studio Code 编辑器重新回到 news.htm 文件中，找到<!-- 在此处使用列表元素设置"新闻活动"页的目录 -->这一行注释，并将其替换为以下代码。

```
<div class="card">
    <div class="card-header">
        <h4>最近新闻</h4>
    </div>
    <ul class="nav flex-column">
        <li class="nav-item">
            <a class="nav-link" href="#news-1">
                2024-4-12：本店股票在沪上市
            </a>
        </li>
        <li class="nav-item">
            <a class="nav-link" href="#news-2">
                2024-2-12：广州门店开张
            </a>
        </li>
        <li class="nav-item">
            <a class="nav-link" href="#news-3">
                2024-1-21：上海门店开张
            </a>
        </li>
        <li class="nav-item">
```

```
                <a class="nav-link" href="#news-4">
                    2024-1-12：北京门店开张
                </a>
            </li>
        </ul>
    </div>
    <div class="card mt-2">
        <div class="card-header">
            <h4>门店开张</h4>
        </div>
        <ul class="nav flex-column">
            <li class="nav-item">
                <a class="nav-link" href="#hotnews-1">
                    2023-2-12：杭州门店开张
                </a>
            </li>
            <li class="nav-item">
                <a class="nav-link" href="#hotnews-2">
                    2023-1-21：深圳门店开张
                </a>
            </li>
            <li class="nav-item">
                <a class="nav-link" href="#hotnews-3">
                    2023-1-12：宁波门店开张
                </a>
            </li>
            <li class="nav-item">
                <a class="nav-link" href="#hotnews-4">
                    2022-12-21：成都门店开张
                </a>
            </li>
            <li class="nav-item">
                <a class="nav-link" href="#hotnews-5">
                    2022-12-12：重庆门店开张
                </a>
            </li>
        </ul>
    </div>
```

（2）在 news.htm 文件中找到<!-- 在此处填充"新闻活动"页的新闻稿 -->这一行注释，并将其替换为以下代码。

```
<article id="news-1">
    <div class="card">
        <div class="card-header">
            2024 年 4 月 12 日：本店股票在沪上市
        </div>
        <div class="card-body">
        <h5 class="card-title">
            凌雪冰熊有限公司今日在上海证券交易所上市
        </h5>
        <p class="card-text">
            凌雪冰熊有限公司（股票代码：12345）今日在上海证券交易所上市，开盘价为 100 元/股，总市值为
```

```
                100 亿元。凌雪冰熊有限公司是一家专注于研发和生产冰熊系列产品的公司，其产品广泛应用于食品、
                饮料、日用品等领域。公司创始人凌雪先生表示，很高兴能够将凌雪冰熊的产品带到全国人民的餐桌上
                来，并希望与广大消费者共同打造一个健康、绿色的食品生态圈。
                </p>
                <a href="#" class="btn btn-primary">查看详情</a>
                </div>
                </div>
        </article>
        <article id="news-2">
            <div class="card">
                <div class="card-header">
                    2024 年 2 月 12 日：广州门店开张
                </div>
                <div class="card-body">
                    <img src="./img/shop3.jpg" class="w-25 float-end m-3">
                    <h5 class="card-title">
                        凌雪冰熊连锁饮料店广州门店今日开张大吉
                    </h5>
                    <p class="card-text">
                        凌雪冰熊连锁饮料店广州门店今日正式开张，开业典礼上，凌雪冰熊董事长凌雪先生表示，广州门
                        店的开设是凌雪冰熊品牌战略的重要一步，标志着凌雪冰熊将逐步在全国范围内扩张。凌雪冰熊连
                        锁饮料店广州门店将提供更多健康、绿色的饮料产品，为广大消费者提供更多选择。
                    </p>
                    <p class="card-text">
                        凌雪冰熊连锁饮料店广州门店的选址十分重要，凌雪冰熊选择在广州市天河区，这是凌雪冰熊认为
                        最适合创业的城市之一。凌雪冰熊连锁饮料店广州门店将提供更多健康、绿色的饮料产品，为广大
                        消费者提供更多选择。
                    </p>
                    <a href="#" class="btn btn-primary">查看详情</a>
                </div>
            </div>
        </article>
        <article id="news-3">
            <div class="card">
                <div class="card-header">
                    2024 年 1 月 21 日：上海门店开张
                </div>
                <div class="card-body">
                    <img src="./img/shop2.jpg" class="w-25 float-end m-3">
                    <h5 class="card-title">
                        凌雪冰熊连锁饮料店上海门店今日开张大吉
                    </h5>
                    <p class="card-text">
                        凌雪冰熊连锁饮料店上海门店今日正式开张，地址位于浦东新区陆家嘴，是一家集饮料销售、休闲
                        娱乐为一体的连锁店。店内设有各种饮料等，为顾客提供丰富多样的选择。
                    </p>
                    <p class="card-text">
                        在开业典礼上，凌雪冰熊连锁饮料店总经理表示，上海门店的开设，标志着凌雪冰熊连锁饮料店
                        在华东地区的进一步发展。凌雪冰熊连锁饮料店将继续以创新、优质的服务，为消费者提供更多
                        健康、绿色的饮料产品。
                    </p>
                    <a href="#" class="btn btn-primary">查看详情</a>
                </div>
            </div>
        </article>
        <article id="news-4">
            <div class="card">
```

```
            <div class="card-header">
                2024 年 1 月 12 日：北京门店开张
            </div>
            <div class="card-body">
                <img src="./img/shop1.jpg" class="w-25 float-end m-3">
                <h5 class="card-title">
                    凌雪冰熊连锁饮料店北京门店今日开张大吉
                </h5>
                <p class="card-text">
                    凌雪冰熊连锁饮料店北京门店今日正式开张，地址位于朝阳区，是一家集饮料销售、休闲娱乐为一
                    体的连锁店。店内设有各种饮料，为顾客提供丰富多样的选择。凌雪冰熊连锁饮料店北京门店期待
                    您的光临！
                </p>
                <p class="card-text">
                    在开业典礼上，凌雪冰熊连锁饮料店总经理表示，北京门店的开设，标志着凌雪冰熊连锁饮料店在
                    华北地区的进一步发展。凌雪冰熊连锁饮料店将继续以创新、优质的服务，为消费者提供更多健康、
                    绿色的饮料产品。
                </p>
                <a href="#" class="btn btn-primary">查看详情</a>
            </div>
        </div>
    </article>
```

（3）保存上述代码，使用网页浏览器打开 news.htm 文件，查看当前网页设计的效果，如图 3-5 所示。

▲图 3-5　当前网页设计的效果

（4）回到之前的命令行终端，并在项目的根目录下通过执行以下命令来完成本项目的第三次版本控制操作。

```
git add .
git commit -m "项目 3: 完成"新闻活动"页的图文排版"
```

【拓展知识】

到目前为止，读者学习的是针对图文类网页的基本排版工作。然而，在实际生产环境中，网页设计师面对的图文排版任务往往要比本项目复杂得多。这些任务可能需要他们对页面元素进行更精确的控制，或者使用更多结构更复杂的 Bootstrap 组件来组织页面中的图文信息。因此，这里将对读者在进行图文排版类的网页设计工作时需要掌握的知识做一些拓展。

知识点 1: CSS3 中的元素定位方式

在图文类网页的设计任务中，HTML 元素在网页中的具体定位是一个需要解决的问题，这关系设计师对页面元素的精确控制能力。通常情况下，设计师需要掌握相对定位、绝对定位和固定定位这 3 种常用的定位方式。

相对定位是 CSS3 中的一种常用定位方式。它能够使元素相对于其正常位置进行偏移，但不会改变元素在网页中的位置。在 CSS3 中，如果需要对元素进行相对定位，则必须先在该元素的样式规则的开头使用 position: relative 语句进行声明，再通过设置 top、right、bottom 和 left 属性控制元素的偏移量，例如像下面这样。

```
position: relative;
right: 20px;
```

注意，相对定位主要用于微调元素的位置，例如，在网页布局中，使用相对定位方式使指定的元素相对于其正常位置向下或向右偏移一定的距离。

绝对定位是 CSS3 中的另一种常用定位方式。它能够使元素相对于其包含的块进行偏移，但不会改变元素在网页中的位置。在 CSS3 中，如果需要对元素进行绝对定位，则必须先在该元素的样式规则的开头使用 position: absolute 语句进行声明，再通过设置 top、right、bottom 和 left 属性控制元素的偏移量，例如像下面这样。

```
position: absolute;
left: 50px;
```

注意，采用绝对定位的元素会脱离文档流，因此其正常位置会改变。通常情况下，绝对定位主要用于在网页中创建浮动元素、实现图片轮播等特殊效果。总而言之，设计师可以通过绝对定位方式将指定的元素放置在网页的任意位置，而不受其他元素的影响。

固定定位是 CSS3 中的第三种定位方式。它能够使元素相对于浏览器窗口进行偏移，但不会改变元素在网页中的位置。在 CSS3 中，如果需要对元素进行固定定位，则必须先在该元素的样式规则的开头使用 position：fixed 语句进行声明，再通过设置 top、right、bottom 和 left 属性控制元素的偏移量，例如像下面这样。

```
position: fixed;
top: 100px;
```

注意，采用固定定位的元素会脱离文档流，因此其正常位置会改变。通常情况下，固定定位主要用于在网页中创建悬浮菜单等需要始终显示在浏览器窗口特定位置的元素。

另外，在对元素的位置进行设置时，需要了解元素在网页上的堆叠顺序。这个概念决定了相同位置的元素在网页中的显示顺序，具有较高堆叠顺序的元素会覆盖具有较低堆叠顺序的元素。默认情况下，后面出现的元素会覆盖前面出现的元素。然而，设计师可以通过设置 z-index 属性改变元素的层叠顺序。z-index 属性的值越大，表示元素的堆叠顺序越高。例如：

```
z-index: 2;
```

总而言之，通过合理地设置 z-index 属性，设计师可以控制不同元素在网页中相同位置上的堆叠顺序，从而实现更复杂的布局效果。

知识点 2：Bootstrap 框架提供的更多组件

对于一些较复杂的网页设计任务，Bootstrap 框架提供了大量可复用的组件，以便帮助设计师更快速地构建美观的网页。针对图文信息类网页的排版任务，除了轮播组件和卡片组件之外，Bootstrap 框架还提供了其他常用的组件。

对于表单元素或页面其他元素中放置的标签元素，可以考虑使用 Bootstrap 框架提供的徽章组件来进行辅助设计。以下是关于该组件的一个简单的示例。

```
<h1>Example heading <span class="badge bg-primary">New</span></h1>
<h2>Example heading <span class="badge bg-secondary">New</span></h2>
<h3>Example heading <span class="badge bg-success">New</span></h3>
<h4>Example heading <span class="badge bg-danger">New</span></h4>
<h5>Example heading <span class="badge bg-warning">New</span></h5>
<h6>Example heading <span class="badge bg-info">New</span></h6>
<h7>Example heading <span class="badge bg-light text-dark">New</span></h7>
<h8>Example heading <span class="badge bg-dark">New</span></h8>
```

接下来介绍与徽章组件相关的样式类及其使用方法。

badge 样式类通常作用于<span>或其他用于表示强调的文本类标记，效果是将该标记定义的元素设置为徽章组件，并赋予其默认样式。

如果要改变徽章组件的背景色，则需要在 badge 样式类后面添加 bg-primary、bg-secondary、bg-success、bg-danger、bg-warning、bg-info、bg-light 或 bg-dark 样式类中的一个。

如果要让徽章组件呈现出更圆的边角、更大的边界半径，则需要在 badge 样式类后面添加一个 rounded-pill 样式类。

如果要在页面中设置一个用于控制单个元素的显示的开关，则可以考虑使用由 Bootstrap 框架提供的折叠组件来进行辅助设计。以下是关于该组件的一个简单的示例。

```
<div id="collapseDemo">
    <a class="btn btn-primary" data-bs-toggle="collapse"
        href="#collapseExample" role="button" aria-expanded="false"
        aria-controls="collapseExample">
        使用链接控制
    </a>
    <button class="btn btn-primary" type="button"
        data-bs-toggle="collapse" data-bs-target="#collapseExample"
        aria-expanded="false" aria-controls="collapseExample">
        使用按钮控制
    </button>
    <div class="collapse show" id="collapseExample">
        <div class="card card-body">
            这里是一个卡片组件。
        </div>
    </div>
</div>
```

接下来介绍与折叠组件相关的样式类及其使用方法。

collapse 样式类通常作用于<div>或其他布局类的标记,效果是将该标记定义的元素设置为一个折叠组件，以便放置要控制其显示方式的内容。

折叠组件所控制的元素在默认情况下是隐藏的，如果要让该元素在页面加载时默认显示，则需要为折叠组件的<div>标记添加 show 样式类。

如果要让折叠组件真正发挥作用，就必须为它设置唯一的[id 属性值]。如果控制按钮是由<a>标记定义的，就需要将<a>标记的 herf 属性值设置为#[id 属性值]；如果控制按钮是由<button>标记定义的，则需要将<button>标记的 data-bs-target 属性值设置为#[id 属性值]。

如果要在页面中设置一个用于控制多个元素显示方式的折叠面板，则可以考虑使用 Bootstrap 框架提供的手风琴组件来进行辅助设计。以下是关于该组件的一个简单的示例。

```
<div class="accordion" id="accordionExample">
    <div class="accordion-item">
        <h2 class="accordion-header" id="headingOne">
            <button class="accordion-button" type="button"
                data-bs-toggle="collapse" data-bs-target="#collapseOne"
                aria-expanded="true" aria-controls="collapseOne">
                标题1
```

```
            </button>
        </h2>
        <div id="collapseOne" class="accordion-collapse collapse show"
            aria-labelledby="headingOne"
            data-bs-parent="#accordionExample">
            <div class="accordion-body">
                第一个元素。
            </div>
        </div>
    </div>
    <div class="accordion-item">
        <h2 class="accordion-header" id="headingTwo">
            <button class="accordion-button collapsed" type="button"
                data-bs-toggle="collapse" data-bs-target="#collapseTwo"
                aria-expanded="false" aria-controls="collapseTwo">
                标题 2
            </button>
        </h2>
        <div id="collapseTwo" class="accordion-collapse collapse"
            aria-labelledby="headingTwo"
            data-bs-parent="#accordionExample">
            <div class="accordion-body">
                第二个元素。
            </div>
        </div>
    </div>
    <div class="accordion-item">
        <h2 class="accordion-header" id="headingThree">
            <button class="accordion-button collapsed" type="button"
                data-bs-toggle="collapse" data-bs-target="#collapseThree"
                aria-expanded="false" aria-controls="collapseThree">
                标题 3
            </button>
        </h2>
        <div id="collapseThree" class="accordion-collapse collapse"
            aria-labelledby="headingThree"
            data-bs-parent="#accordionExample">
            <div class="accordion-body">
                第三个元素。
            </div>
        </div>
    </div>
</div>
```

接下来介绍与手风琴组件相关的样式类及其使用方法。

`accordion` 样式类通常作用于 `<div>` 或其他布局类标记，效果是将该标记定义的元素设置为一个手风琴组件，以便放置手风琴组件中的各个子项。

`accordion-item` 样式类是 `accordion` 样式类的次级样式类，通常作用于手风琴组件内第一级的 `<div>` 或其他布局类标记，效果是将该标记定义的元素设置为一个手风琴组件中各个子项的容器，以便放置构成这些子项的元素。

`accordion-header` 样式类是 `accordion-item` 样式类的次级样式类，通常作用于手风琴组件内各子项中的标题类标记（从 `<h1>` 到 `<h6>`），效果是将该标记定义的元素设置为一个手风琴组件中各子项的标题，同时用于放置这些子项的控制按钮。其默认处于显示状态，如果要将其设置为隐藏状态，则需要在该样式类后面添加 `collapsed` 样式类。

`accordion-button` 样式类是 `accordion-header` 样式类的次级样式类，通常作用于手风琴组件中各子项的标题内的 `<button>` 或 `<a>` 标记，效果是将该标记定义的元素设置为一个手风琴组件中各子项的控制按钮，以便控制该子项的主体部分的显示与隐藏。

`accordion-collapse` 样式类是 `accordion-item` 样式类的次级样式类，通常作用于手风琴组件内各子项的标题部分的后面，充当其主体部分中容器的 `<div>` 或其他布局类标记，以便放置手风琴组件中各子项的主体部分的内容。

`accordion-body` 样式类是 `accordion-collapse` 样式类的次级样式类，通常作用于被设置了 `accordion-collapse` 类的元素内部的第一级 `<div>` 或其他布局类标记，以便放置手风琴组件中各子项的主体部分的内容。

【作业】

有一家名为"白熊前端"的程序员培训机构，其官方网站的首页设计刚刚完成，现在希望你根据首页的设计风格，继续为该网站设计一个"新闻活动"页，以展示该培训机构最近的活动与业绩，如最近推出的课程、招收的学员规模、出版的教材等。相关信息如下。

- **项目名**：白熊前端网站的"新闻活动"页设计。
- **委托方**：白熊前端的创始人林宇一。
- **项目资料如下。**
  - **代码资料**：设计白熊前端官方网站现有的源代码。
  - **文献资料**：反映白熊前端近况的新闻稿与图表。
- **项目要求**：为白熊前端官方网站设计"新闻活动"页。该网页的设计应符合以下要求：
  - 为新闻稿提供可读性良好的排版设计。
  - 采用与网站首页一致的布局风格与配色方案。
  - 配备导航栏，以便用户能自由跳转到网站首页及后续要设计的网页。
- **时间要求**：在 3 个工作日内完成。

【作业评价】

序号	评测内容	评分标准	分值	得分
1	客户图文信息的呈现	网页中呈现了客户提供的图文信息	20	
2	新闻稿图文信息的排版	网页中新闻稿的图文信息实现了可读性良好的排版	20	
3	PC 端浏览器中的呈现效果	在 Chrome 和 Firefox 浏览器中图文信息的呈现效果一致	30	
4	移动端浏览器中的呈现效果	在基于 iOS 和 Android 系统的主流设备中图文信息的呈现效果一致	30	

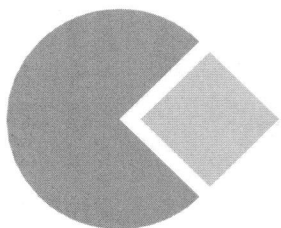

项目 4 企业网站的"产品展示"页设计

企业网站的"产品展示"页设计在网页设计领域属于多媒体播放类页面的设计。其设计目的是将目标网页打造成一个多媒体播放界面,以便利用视频、动画等多媒体资料直观地展示网站所属企业的主打产品。在此类项目中,除了利用本书在项目 3 中介绍的方法对网页中的图文信息进行排版之外,网页设计师通常还需要充分利用 HTML5 中的多媒体类标记以及 Bootstrap 框架提供的相关组件来构建基于浏览器的多媒体播放界面。因为多媒体形式的宣传具有更直观的传播能力,所以此类项目也是网页设计师在实际工作中最常接触的任务之一。

【学习目标】

本项目将继续以凌雪冰熊网站中"产品展示"页的设计为例演示如何为企业网站设计多媒体播放页面。同样地,该网页在外观设计上必须延续该网站首页的布局风格与配色方案,并在导航栏中提供跳转到网站首页、"新闻活动"页、"申请加盟"等页面的链接。通过对本项目的实践,读者将会初步了解设计一个多媒体播放类页面所要执行的基本步骤,以及执行这些步骤所需的基本技术与相关工具。总而言之,希望读者在阅读完本章后能够:

- 掌握如何利用 Bootstrap 框架提供的组件完成针对多媒体播放类页面的布局任务;
- 掌握 HTML5 中的多媒体类标记,并将这些标记运用到网页设计项目中。

【学习场景描述】

凌雪冰熊饮料店的网页设计团队如今已经完成了其网站首页和"新闻活动"页的设计,并基于该设计进一步创建了该网站的网页模板。现在,他们希望你基于该模板继续为该网站设计用于播放多媒体资料的页面,目的是更好地宣传凌雪冰熊饮料店最近的主打产品,以及在全国各地新加盟的门店。在这个网页设计项目中,你的主要任务是为网站的"产品展示"页设计一个多媒体播放页面,以便利用该页面发布多媒体形式的宣传资料。当然,需要确保该页面采用与首页一致的布局风格与配色方案。

【任务书】

- **项目名**：凌雪冰熊网站的"产品展示"页设计。
- **委托方**：凌雪冰熊股份有限公司互联网部门。
- **项目资料如下**。
  - **代码资料**：设计凌雪冰熊网站现有的源代码。
  - **多媒体资料**：凌雪冰熊公司提供的音频、视频等多媒体资料。
- **项目要求**：为凌雪冰熊饮料店的网站设计"产品展示"页。该网页的设计应符合以下要求：
  - 为网站的客户提供用户体验良好的多媒体播放界面；
  - 在外观样式上采用与网站首页一致的布局风格和配色方案。
- **时间要求**：在 3 个工作日内完成。

【任务拆解】

本项目的实施过程可以划分为以下 3 个小任务。
- 基于凌雪冰熊网站提供的网页设计模板创建该网站的"产品展示"页。
- 利用 Bootstrap 框架创建多媒体播放界面，包括媒体列表与媒体播放区域。
- 利用 HTML5 标记将凌雪冰熊提供的多媒体资料填充到刚刚创建的界面中。

【知识准备】

在经过对项目 3 的实践之后，读者已经对如何安排网页中的图文信息类元素有了基本了解。在本项目中，要在页面中放置更复杂的多媒体元素并设置其外观样式，这需要使用更多的 HTML5 标记与相关的 Bootstrap 组件。下面将继续介绍相关的知识点和工具。如果读者已经掌握了这部分知识，则可以选择跳过这些内容，直接进入本项目的【工作实施与交付】环节。

知识点 1：在网页中嵌入媒体播放器

在网页设计工作中，除了基本的图文类元素之外，还会根据任务的需求在网页中嵌入音频、视频等页面元素，以便在网页中呈现以多媒体形态输出的内容。这些元素也都有对应的 HTML5 标记，例如，设计师可以使用 HTML5 提供的<audio>、<video>标记在网页中嵌入音频/视频的播放器元素。下面分别介绍它们的使用方法。

1. <audio>标记

<audio>标记用于在网页文档中嵌入一个音频播放器元素，设计师可以利用其<source>子标记的 src 属性指定要播放的音频文件，例如像下面这样。

```
<!DOCTYPE html>
<html>
    <head>
        <title>嵌入音频播放器:</title>
    </head>
    <body>
        <audio width="400" height="300" controls>
            <source src="song.mp3" type="audio/mpeg">
            <p>你的浏览器不支持 HTML5 的音频标签! </p>
        </audio>
    </body>
</html>
```

上述示例保存在本书源代码的 Examples/00_demo/embedCase 目录下的 index.htm 文件中，读者可以使用网页浏览器打开该文件，其效果如图 4-1 所示。

▲图 4-1　嵌入音频播放器元素的效果

接下来结合上述示例简单介绍在网页中嵌入音频播放器元素的基本步骤。

（1）使用<audio>标记在网页中创建一个音频播放器元素，并设置该元素的位置、高度、宽度以及其他与播放器相关的属性。该标记的常用属性如下。

- width 和 height 属性：用于设置音频播放器元素在网页中的宽度和高度。当然，建议用 CSS 设置这部分内容，而不是直接在 HTML 文档中使用这两个属性。
- autoplay 属性：用于指定是否要在网页加载完毕之后自动开始播放音频。
- controls 属性：用于指定是否要在网页中显示音频播放器的控制按钮。
- loop 属性：用于指定是否要在网页中循环播放音频。
- preload 属性：用于指定是否要在网页加载完毕之后预加载音频文件。
- muted 属性：用于指定是否要在网页中默认使音频静音。

（2）使用音频播放器元素的<source>子标记指定该播放器元素要播放的媒体文件。该子标记的常用属性如下。

- src 属性：用于指定要播放的媒体文件所在的位置，通常以统一资源定位符（Uniform Resource Locator，URL）的形式来表示。
- type 属性：用于指定要播放的媒体文件的类型。其中，audio/mpeg 对应的是 MPEG 格式的音频文件，audio/ogg 对应的是 OGG 格式的音频文件，audio/wav 对应的是 WAV 格式的音频文件，audio/webm 对应的是 WebM 格式的音频文件。

（3）因为目前市面上各种浏览器对 HTML5 的支持程度并不一致，所以通常还会在 <audio>标记内部设置一些文本类标记（如<p>），以指定当浏览器不支持 HTML5 的音频标签时页面中要显示的提示信息。

2. <video>标记

<video>标记用于在网页文档中嵌入一个视频播放器元素，可以利用其<source>子标记的 src 属性来指定要播放的视频文件，例如像下面这样。

```
<!DOCTYPE html>
<html>
    <head>
        <title>嵌入视频播放器:</title>
    </head>
    <body>
        <video width="430" height="300" controls>
            <source src="movie.mp4" type="video/mp4">
            <p>你的浏览器不支持 HTML5 的视频标签! </p>
        </video>
    </body>
</html>
```

同样地，上述示例也保存在本书源代码的 Examples/00_demo/embedCase 目录下的 index.htm 文件中，读者可以使用网页浏览器打开该文件，其效果如图 4-2 所示。

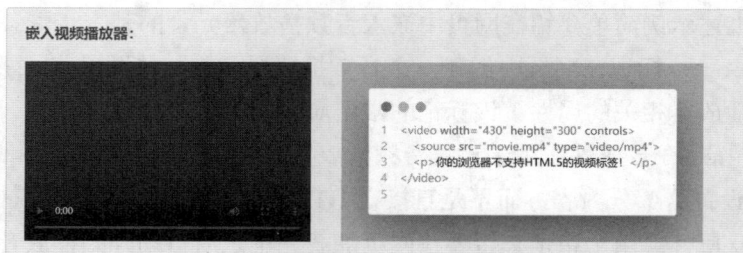

▲图 4-2　嵌入视频播放器元素的效果

接下来结合上述示例简单介绍在网页中嵌入视频播放器元素的基本步骤。

（1）使用<video>标记在网页中创建一个视频播放器元素，并设置该元素的位置、高度、宽度及其他与播放器相关的属性。该标记的常用属性如下。

- width 和 height 属性：主要用于设置视频播放器元素在网页中的宽度和高度。当然，建议用 CSS 设置这部分内容，而不是直接在 HTML 文档中使用这两个属性。
- autoplay 属性：用于指定是否要在网页加载完毕之后自动开始播放视频。
- controls 属性：用于指定是否要在网页中显示视频播放器的控制按钮。
- loop 属性：用于指定是否要在网页中循环播放视频。
- preload 属性：用于指定是否要在网页加载完毕之后预加载视频文件。
- muted 属性：用于指定是否要在网页中默认使视频静音。

● poster 属性：用于指定是否要在网页中默认显示视频的封面图片。

（2）使用视频播放器元素的<source>子标记来指定该播放器元素具体要播放的媒体文件。该子标记的常用属性如下。

● src 属性：用于指定要播放的媒体文件所在的位置，通常以 URL 的形式来表示。

● type 属性：用于指定要播放的媒体文件的类型。其中，video/mp4 对应的是 MP4 格式的视频文件，video/webm 对应的是 WebM 格式的视频文件，video/ogg 对应的是 OGG 格式的视频文件。

（3）因为目前市面上各种浏览器对 HTML5 的支持程度并不一致，所以通常还会在<video>标记内部设置一些文本类标记（如<p>），以指定当浏览器不支持 HTML5 的视频标签时页面中要显示的提示信息。

知识点 2：在网页中嵌入 JavaScript 代码

在设置多媒体播放器的启动开关时，要根据开关所在的播放列表动态指定播放器的播放源，这个功能通常需要通过编写 JavaScript 代码实现。虽然本书中读者的主要任务是学习基于 HTML5 与 CSS3 的网页设计，基于 JavaScript 的编程并不在本书的讨论范围中，但是考虑网页设计工作的实际需求，这里简单地介绍如何将 JavaScript 代码嵌入网页内，并使浏览器按照希望的方式加载这些代码。

在 HTML5 中，通常会使用<script>标记在网页中嵌入 JavaScript。例如，选择将只适用于当前网页的 JavaScript 代码直接写在<script>和</script>这对标记之间，使它们以网页内联脚本的形式执行。

```html
<!DOCTYPE html>
<html>
    <head>
        <title>嵌入脚本代码</title>
        <script>
            function changeText() {
                document.getElementById("targetID").innerHTML="Hello World!";
            }
        </script>
    </head>
    <body>
        <h1>嵌入 JavaScript 代码。</h1>
        <button type="button" onclick="changeText()">打个招呼！</button>
        <p>单击上面的按钮将在下面显示"Hello World!"。</p>
        <div id="targetID"></div>
    </body>
</html>
```

在上述代码中，先使用<script>标记定义一个 JavaScript 函数，再在<button>标记内部将该函数注册为鼠标单击事件的处理程序。这样，当单击页面中的按钮时，该函数就将在 id="targetID"的<div>元素中显示"Hello World!"字样。当然，这种内联形式的脚本通常只适合代码较少的情况。如果将大量的代码与 HTML 标记混在一起，则可能严重影响代码的可读性与可维护性。因此，更多时候会选择使用<script>标记的 src 属性嵌入外部的脚本文件，例如像下面这样。

```
<!DOCTYPE html>
<html lang="zh-CN">
    <head>
        <meta charset="UTF-8">
        <title>嵌入外部脚本文件</title>
    </head>
    <body>
        <h1>嵌入外部脚本文件</h1>
        <button type="button" onclick="changeText()">打个招呼！</button>
        <p>单击上面的按钮将在下面显示"Hello World!"。</p>
        <div id="targetID"></div>
        <script src="test.js"></script>
    </body>
</html>
```

浏览器在默认情况下采用的是同步嵌入模式，即它在读取<script>标记时会先下载外链的脚本文件，再继续读取后面的 HTML 标记，其造成的时延会影响整个网页的读取效率。为了解决这个问题，通常会在使用嵌入外部脚本时选择激活<script>标记的 async 属性，使浏览器改用异步载入模式，例如像下面这样。

```
<!DOCTYPE html>
<html lang="zh-CN">
    <head>
        <meta charset="UTF-8">
        <title>异步嵌入外部脚本文件</title>
    </head>
    <body>
        <h1>异步嵌入外部脚本文件</h1>
        <button type="button" onclick="changeText()">打个招呼！</button>
        <p>单击上面的按钮将在下面显示"Hello World!"。</p>
        <div id="targetID"></div>
        <script src="test.js" async="async"></script>
    </body>
</html>
```

这样，脚本文件的下载过程就不会影响后面"其他页面元素"的载入了。此后，只需要在test.js 文件中编写相应的代码即可。

当然，<script>标记在上面的使用方式还存在另一个问题：因为在异步嵌入模式下浏览器一旦下载完，脚本文件就会立即执行，开发者无法确保脚本的具体执行时间，所以它在上述代码中依然要放在 id="targetID"的<div>元素的后面。显然，更理想的选择是将该标记与引用 CSS 文件的<link>标记也放在<head>标记中。要做到这一点，要求浏览器采用延后执行模式，即让浏览器在载入所有 HTML 标记之后再执行脚本，这需要激活<script>标签的 defer 属性，例如像下面这样。

```
<!DOCTYPE html>
<html lang="zh-cn">
    <head>
        <meta charset="UTF-8">
        <title>嵌入延后执行的外部脚本文件</title>
        <script src="test.js" defer="defer"></script>
    </head>
    <body>
        <h1>嵌入延后执行的外部脚本文件</h1>
        <button type="button" onclick="changeText()">打个招呼！</button>
        <p>单击上面的按钮将在下面显示"Hello World!"。</p>
        <div id="targetID"></div>
    </body>
</html>
```

　　除此之外，还会用<script>标记的 type 属性指定其载入脚本的文本类型，以明确其引用的是哪一种脚本。在 HTML5 中，<script>标记的默认 type 属性值是 type="text/javascript"，笔者之前使用的都是这种文本类型，它不用特别声明。在默认情况下，浏览器会将该标记载入的代码当作普通的 JavaScript 脚本来执行，但当读者想使用模块（即 type="module"）时，浏览器就会将该标记载入的代码当作 JavaScript 模块执行。

　　最后，要考虑<script>标记不起作用时的情况。出于安全等原因，一些特定的浏览器或用户仍然会选择禁用脚本功能，这会让许多应用程序的用户界面无法正常工作。在脚本功能被禁用的情况下，浏览器会忽略<script>标记的存在。这时，要用<noscript>标记来建议用户启用浏览器的脚本功能或者改用支持脚本的浏览器。该标签的具体用法如下。

```
<!DOCTYPE html>
<html lang="zh-CN">
    <head>
        <meta charset="UTF-8">
        <title>浏览器端脚本支持测试</title>
        <script type="module" src="test.js"></script>
    </head>
    <body>
        <noscript>
            <p>本页面需要浏览器支持或启用脚本功能。</p>
        </noscript>
        <h1>浏览器端脚本支持测试</h1>
        <button type="button" onclick="changeText()">打个招呼！</button>
        <p>单击上面的按钮将在下面显示"Hello World!"。</p>
        <div id="targetID"></div>
    </body>
</html>
```

这样，上述网页就会在脚本功能被禁用时显示一条提示信息。

知识点 3：Bootstrap 框架提供的相关组件

之前的项目已经介绍过如何使用 Bootstrap 框架提供的轮播组件、卡片组件来组织网页中的图文信息类元素。而对于呈现形式更复杂的多媒体类元素，要用到一些结构更复杂、功能更强大的组件。下面将继续介绍在本项目的实现过程中会用到的 Bootstrap 组件。

1. 选项卡组件

如果要以选项卡的方式对页面中呈现的内容进行组织，则可以考虑使用 Bootstrap 框架提供的选项卡组件来进行辅助设计。以下是关于该组件的一个简单的示例。

```
<div id="tabdemo" class="border rounded">
    <ul class="nav nav-tabs" role="tablist">
        <li class="nav-item" role="presentation">
            <button class="nav-link active" id="tab1-tab"
                data-bs-toggle="tab" data-bs-target="#tab1"
                aria-controls="tab1" aria-selected="true">
                选项卡 1
            </button>
        </li>
        <li class="nav-item" role="presentation">
            <button class="nav-link" id="tab2-tab"
                data-bs-toggle="tab" data-bs-target="#tab2"
                aria-controls="tab2" aria-selected="false">
                选项卡 2
            </button>
        </li>
        <li class="nav-item" role="presentation">
            <button class="nav-link" id="tab3-tab"
                data-bs-toggle="tab" data-bs-target="#tab3"
                aria-controls="tab3" aria-selected="false">
                选项卡 3
            </button>
        </li>
        <li class="nav-item" role="presentation">
            <button class="nav-link disabled" id="tab4-tab"
                data-bs-toggle="tab" data-bs-target="#tab4"
                aria-controls="tab4" aria-selected="false">
                禁用选项卡
            </button>
        </li>
    </ul>
    <div class="tab-content container p-3">
        <div class="tab-pane fade show active" id="tab1"
```

```
                role="tabpanel" aria-labelledby="tab1-tab">
            这是选项卡 1 的内容
        </div>
        <div class="tab-pane fade" id="tab2" role="tabpanel"
            aria-labelledby="tab2-tab">
            这是选项卡 2 的内容
        </div>
        <div class="tab-pane fade" id="tab3" role="tabpanel"
            aria-labelledby="tab3-tab">
            这是选项卡 3 的内容
        </div>
        <div class="tab-pane fade" id="tab4" role="tabpanel"
            aria-labelledby="tab4-tab">
            这是禁用选项卡的内容
        </div>
    </div>
</div>
```

上述代码所定义的选项卡组件在浏览器中的显示效果如图 4-3 所示。

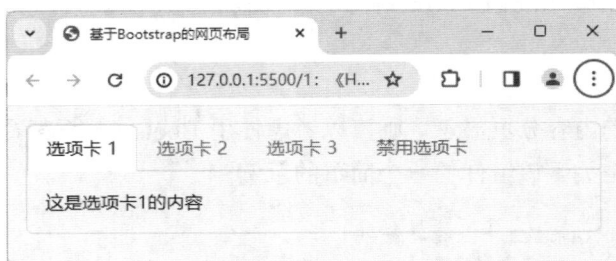

▲图 4-3 选项卡组件在浏览器中的显示效果

接下来结合上述示例简单介绍与该组件相关的样式类及其使用方法。

nav-tabs 样式类通常作用于设置了 nav 样式类的<ul>标记,效果是将该无序列表定义为选项卡组件的导航栏部分。另外,如果要让选项卡组件正常工作,则需要为该<ul>标记设置 role 属性,并将该属性的值设置为 tablist。

nav-item 样式类是 nav 类和 nav-tabs 类的次级样式类,通常作用于设置了 nav-tabs 样式类的<ul>标记内部的各<li>标记,效果是将这些列表项设置为选项卡组件中导航栏部分的各个子项。同样,如果要让这些导航项正常工作,则需要为这些<li>标记设置 role 属性,并将该属性的值设置为 presentation。

nav-link 样式类用于设置选项卡组件中导航项的样式,通常作用于设置了 nav-item 样式类的<li>标记内部的<a>标记或<button>标记,效果是将该标记设置为链接样式。在设置这些导航项的样式时,要注意以下事项。

- 如果要让当前导航项处于默认被激活的状态,则需要在 nav-link 样式类后面加上 active 样式类。
- 如果要让当前导航项处于禁用状态,则需要在 nav-link 样式类后面加上 disabled 样式类。

tab-content 样式类通常作用于选项卡组件中紧跟在导航栏后面的<div>标记，效果是将该标记定义的元素设置为充当组件中各选项卡元素的容器。

tab-pane 样式类通常作用于设置了 tab-content 样式类的<div>标记内第一级的各个<div>标记，效果是将这些标记设置为选项卡组件中的各个选项卡。在设置这些选项卡元素时，要注意以下事项。

- 每个<div>标记都应该有一个 id 属性，该属性的值应该与被设置了 nav-link 样式类的标记中 aria-controls 属性的值相同。
- 如果要让组件中的选项卡都能正常发挥作用，则需要为这些<div>标记设置 role 属性，并将该属性的值设置为 tabpanel。
- 如果希望组件中的各选项卡元素在被切换时有淡入淡出的效果，则需要在 tab-pane 样式类后面加上 fade 样式类。
- 如果要让组件中的某个选项卡在载入页面时默认显示，则需要回到该选项卡所在的<>标记的 class 属性中，在 tab-pane 样式类后面加上 show 样式类。
- 如果要让组件中的某个选项卡默认处于激活状态，则需要回到该选项卡所在的<>标记的 class 属性中，在 tab-pane 样式类后面加上 active 样式类。

2. 分页导航组件

如果要让页面中的内容分页显示，则可以考虑使用 Bootstrap 框架提供的分页导航组件来进行辅助设计。以下是关于该组件的一个简单的示例。

```
nav id="paginationExample" class="mt-5"
    aria-label="Page navigation example">
    <ul class="pagination justify-content-center">
        <li class="page-item disabled">
            <a class="page-link" href="#" tabindex="-1"
                aria-disabled="true">Previous</a>
        </li>
        <li class="page-item active" aria-current="page">
            <a class="page-link" href="#">1</a>
        </li>
        <li class="page-item">
            <a class="page-link" href="#">2</a>
        </li>
        <li class="page-item">
            <a class="page-link" href="#">3</a>
        </li>
        <li class="page-item">
            <a class="page-link" href="#">Next</a>
        </li>
    </ul>
</nav>
```

上述代码所定义的分页导航组件在浏览器中的显示效果如图 4-4 所示。

▲图 4-4　分页导航组件在浏览器中的显示效果

接下来结合上述示例简单介绍与该组件相关的样式类及其使用方法。

pagination 样式类通常作用于 `<nav>` 标记下面的 `<ul>` 标记，效果是将该无序列表的元素设置为分页导航组件，并赋予它该组件的基本样式。

page-item 样式类是 pagination 样式类的次级样式类，通常作用于分页导航组件中的每个 `<li>` 标记，效果是将这些列表项设置为该组件中跳转按钮的样式。在设置这些跳转按钮元素时，要注意以下事项。

- 如果要让某个跳转按钮处于禁用状态，则需要在 page-item 样式类后面添加 disabled 样式类。
- 如果要将某个跳转按钮默认处于激活状态，则需要在 page-item 样式类后面添加 active 样式类。

page-link 样式类是 page-item 样式类的次级样式类，通常放置在被设置了 page-item 样式类的 `<li>` 标记的内部，作用是设置组件中各个分页所在的链接。

3. 模态对话框组件

如果要在页面中以弹出式对话框的方式呈现某些内容（例如，在本项目中，将会使用对话框呈现多媒体播放界面），则可以使用 Bootstrap 框架提供的模态对话框组件来进行辅助设计。以下是关于该组件的一个简单的示例。

```
<button type="button" class="btn btn-primary"
    data-bs-toggle="modal" data-bs-target="#modalExample">
    显示模态对话框
</button>
<dialog class="modal fade" id="modalExample" tabindex="-1"
    aria-labelledby="modalExampleLabel" aria-hidden="true">
    <div class="modal-dialog">
        <div class="modal-content">
            <div class="modal-header">
                <h5 class="modal-title"
                    id="modalExampleLabel">
                    模态对话框的标题
                </h5>
```

```
        <button type="button" class="btn-close"
            data-bs-dismiss="modal"
            aria-label="Close">
        </button>
    </div>
    <div class="modal-body">
        <p>这是一个关于模态对话框组件的简单示例。</p>
    </div>
    <div class="modal-footer">
        <button type="button"
            class="btn btn-secondary"
            data-bs-dismiss="modal">关闭</button>
        <button type="button"
            class="btn btn-primary">
            保存更改
        </button>
    </div>
    </div>
    </div>
</dialog>
```

上述代码所定义的模态对话框组件在浏览器中的显示效果如图 4-5 所示。

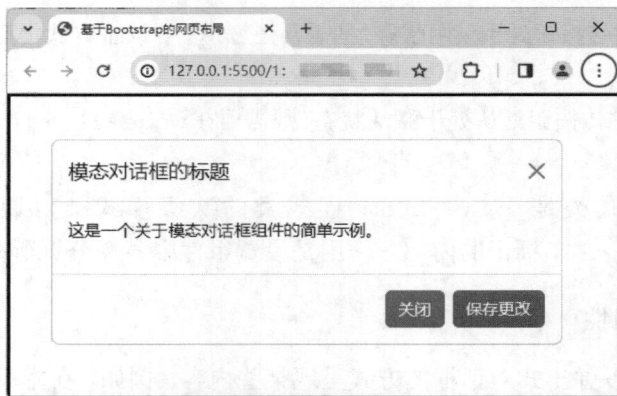

▲图 4-5 模态对话框组件在浏览器中的显示效果

接下来将结合上述示例介绍该组件的使用方法以及相关的样式类。

modal 样式类通常作用于一个<div>或<dialog>标记，效果是将该标记定义的元素设置为一个模态对话框组件。在设置该组件时，要注意以下事项。

- 因为该组件是一个弹出式对话框，所以需要设置一个按钮元素来触发该对话框的弹出。在定义该按钮元素的<button>标记时，data-bs-toggle 属性的值应设置为 modal，data-bs-target 属性的值应为#[id 属性值]（这里，[id 属性值]为模态对话框组件的 id 属性值）。

- 如果要实现模态对话框淡入淡出的效果，则需要在 modal 样式类后面添加 fade 样式类。

modal-dialog 样式类是 modal 样式类的次级样式类，通常作用于被设置了 modal 样式类的<div>标记内的第一级<div>标记，效果是将该标记定义的元素设置为模态对话框组件的对话框部分。在设置这部分样式时，要注意以下事项。

- 如果要在对话框中使用滚动条元素，则需要在 modal-dialog 样式类后面添加 modal-dialog-scrollable 样式类。

- 如果要在对话框中使用居中布局，则需要在 modal-dialog 样式类后面添加 modal-dialog-centered 样式类。

modal-content 样式类是 modal-dialog 样式类的次级样式类，通常作用于被设置了 modal-dialog 样式类的<div>标记内的第一级<div>标记，效果是将该标记定义的元素设置为一个用于放置对话框内部元素的容器。

modal-header 样式类是 modal-content 样式类的次级样式类，通常作用于被设置了 modal-content 样式类的<div>标记内的第一级<div>标记，效果是将该标记定义的元素设置为一个模态对话框组件的头部部分。

modal-title 样式类是 modal-header 样式类的次级样式类，通常作用于被设置了 modal-header 样式类的<div>标记内的标题类标记，效果是将该标记定义的元素设置为一个模态对话框组件的标题文本。

modal-body 样式类是 modal-content 样式类的次级样式类，通常作用于被设置了 modal-content 样式类的<div>标记内的第一级<div>标记，效果是将该标记定义的元素设置为一个模态对话框组件的主体部分。

modal-footer 样式类是 modal-content 样式类的次级样式类，通常作用于被设置了 modal-content 样式类的<div>标记内的第一级<div>标记，效果是将该标记定义的元素设置为一个模态对话框组件的底部部分。

【工作实施和交付】

在具备了上述知识之后，就可以根据之前【任务书】中的要求着手设计凌雪冰熊网站的"产品展示"页了。该项目的实施可以分为以下步骤。

第 1 步：基于网页模板创建目标页面

在这一步中，主要任务是基于凌雪冰熊官方提供的网页设计模板创建网站的"产品展示"页，并根据项目的具体需求调整网页的导航栏设计。为此，要执行以下操作。

（1）使用命令行终端回到凌雪冰熊网站项目的根目录下，并通过执行 cp template.htm show.htm 命令创建该网站的"产品展示"页。

（2）使用 Visual Studio Code 编辑器打开刚刚创建的 show.htm 文件，找到页面的导航栏部分并将"首页"改为"产品展示"，并将之前创建的网站首页、"新闻活动"页所在的 URL 添加到该导航栏相应的链接标记中，具体代码如下。

```
<nav class="navbar navbar-expand-lg navbar-dark navbar-text">
    <div class="container-fluid p-2">
        <a class="navbar-brand" href="#">
            <img src="./img/logo.png" width="60" class="d-inline-block">
```

```
            <span class="fs-4">凌雪冰熊</span>
        </a>
        <button class="navbar-toggler" type="button" data-bs-toggle="collapse"
            data-bs-target="#navbarSupportedContent"
            aria-controls="navbarSupportedContent" aria-expanded="false"
            aria-label="Toggle navigation">
            <span class="navbar-toggler-icon"></span>
        </button>
        <div class="collapse navbar-collapse" id="navbarSupportedContent">
            <ul class="navbar-nav me-auto mb-2 mb-lg-0 fs-5">
                <li class="nav-item">
                    <a class="nav-link" href="./index.htm">首页</a>
                </li>
                <li class="nav-item">
                    <a class="nav-link" href="./news.htm">新闻活动</a>
                </li>
                <li class="nav-item">
                    <a class="nav-link active" aria-current="page" href="./show.htm">
                        产品展示
                    </a>
                </li>
                <li class="nav-item">
                    <a class="nav-link" href="#">申请加盟</a>
                </li>
                <li class="nav-item dropdown">
                    <a class="nav-link dropdown-toggle"
                        href="#" id="navbarDropdown"
                        role="button" data-bs-toggle="dropdown"
                        aria-expanded="false">
                        更多信息
                    </a>
                    <ul id="dropdown-menu"
                        class="dropdown-menu"
                        aria-labelledby="navbarDropdown">
                        <li><a class="dropdown-item" href="#">企业文化</a></li>
                        <li><a class="dropdown-item" href="#">企业荣誉</a></li>
                        <li><a class="dropdown-item" href="#">企业历程</a></li>
                    </ul>
                </li>
            </ul>
            <form class="d-flex">
                <input class="form-control" type="search"
                    placeholder="搜索关键字" aria-label="Search">
                <button class="btn btn-outline-success" type="submit">
                    <i class="fa fa-search fa-lg"></i>
                </button>
            </form>
        </div>
    </div>
</nav>
```

（3）回到之前的命令行终端，并在项目的根目录下通过执行以下命令完成本项目的第一次版本控制操作。

```
git init
git add .
git commit -m "项目 4：完成"产品展示"页的创建"
```

第 2 步：完成"产品展示"页的设计

在这一步中，主要任务如下。

先使用 Bootstrap 框架提供的选项卡组件和卡片组件为凌雪冰熊提供的视频资料建立播放列表界面，再为该播放列表中的每个视频资料提供播放入口，以打开多媒体播放界面。为此，要进行以下操作。

（1）为了使用 Bootstrap 框架提供的选项卡组件将网页中要展示的视频资料划分为"门店展示"和"热门产品"两个播放列表，回到之前创建的 show.htm 文件中，并添加以下代码。

```
<section class="container-fluid">
    <div id="videoList" class="text-bg-light">
        <ul class="nav nav-tabs" role="tablist">
            <li class="nav-item" role="presentation">
                <button class="nav-link active" id="hotShopTab"
                    data-bs-toggle="tab" data-bs-target="#hotShop"
                    aria-controls="hotShop" aria-selected="true">
                    门店展示
                </button>
            </li>
            <li class="nav-item" role="presentation">
                <button class="nav-link" id="productTab"
                    data-bs-toggle="tab" data-bs-target="#hotProduct"
                    aria-controls="hotProduct" aria-selected="false">
                    热门产品
                </button>
            </li>
        </ul>
        <div class="tab-content container g-0">
            <div class="tab-pane fade show active" id="hotShop"
                    role="tabpanel" aria-labelledby="hotShopTab">
                <!-- 在此处填充与门店相关的视频列表 -->
            </div>
            <div class="tab-pane fade" id="hotProduct" role="tabpanel"
                aria-labelledby="productTab">
                <!-- 在此处填充与产品相关的视频列表 -->
            </div>
        </div>
    </div>
</section>
<!-- 在此处设置视频播放器元素 -->
```

（2）为了使用 Bootstrap 框架提供的网格布局系统、卡片组件和分页导航组件创建与门店相关的视频列表，继续回到 show.htm 文件中，找到<!-- 在此处填充与门店相关的视频列表 -->这一行注释，并将其替换为以下代码。

```
<div class="container-fluid p-3">
    <div class="row m-2">
        <div class="col-4">
            <div class="card" style="width: 18rem;">
                <img src="./img/shop1.jpg" class="card-img-top" alt="...">
                <div class="card-body">
                    <h5 class="card-title">北京门店</h5>
                    <a href="#" class="btn btn-primary">播放视频</a>
                    </div>
                </div>
        </div>
        <div class="col-4">
            <div class="card" style="width: 18rem;">
                <img src="./img/shop2.jpg" class="card-img-top" alt="...">
                <div class="card-body">
                    <h5 class="card-title">上海门店</h5>
                    <a href="#" class="btn btn-primary">播放视频</a>
                    </div>
                </div>
        </div>
        <div class="col-4">
            <div class="card" style="width: 18rem;">
                <img src="./img/shop3.jpg" class="card-img-top" alt="...">
                <div class="card-body">
                    <h5 class="card-title">广州门店</h5>
                    <a href="#" class="btn btn-primary">播放视频</a>
                    </div>
                </div>
        </div>
    </div>
    <div class="row m-2">
        <div class="col-4">
            <div class="card" style="width: 18rem;">
                <img src="./img/shop1.jpg" class="card-img-top" alt="...">
                <div class="card-body">
                    <h5 class="card-title">深圳门店</h5>
                    <a href="#" class="btn btn-primary">播放视频</a>
                    </div>
                </div>
        </div>
        <div class="col-4">
            <div class="card" style="width: 18rem;">
                <img src="./img/shop2.jpg" class="card-img-top" alt="...">
                <div class="card-body">
                    <h5 class="card-title">杭州门店</h5>
                    <a href="#" class="btn btn-primary">播放视频</a>
                    </div>
                </div>
        </div>
```

```
            </div>
            <div class="col-4">
                <div class="card" style="width: 18rem;">
                    <img src="./img/shop3.jpg" class="card-img-top" alt="...">
                    <div class="card-body">
                        <h5 class="card-title">南京门店</h5>
                        <a href="#" class="btn btn-primary">播放视频</a>
                    </div>
                </div>
            </div>
        </div>
        <nav id="paginationLIst" class="bg-light m-3"
            aria-label="Page navigation">
            <ul class="pagination justify-content-center">
                <li class="page-item disabled">
                    <a class="page-link" href="#" tabindex="-1"
                        aria-disabled="true">Previous</a>
                </li>
                <li class="page-item active" aria-current="page">
                    <a class="page-link" href="#">1</a>
                </li>
                <li class="page-item">
                    <a class="page-link" href="#">2</a>
                </li>
                <li class="page-item">
                    <a class="page-link" href="#">Next</a>
                </li>
            </ul>
        </nav>
    </div>
```

（3）为了继续用相同的方式来创建与产品相关的视频列表，回到 show.htm 文件中，找到<!-- 在此处填充与产品相关的视频列表 -->这一行注释，并将其替换为以下代码。

```
<div class="container-fluid p-3">
    <div class="row m-2">
        <div class="col-4">
            <div class="card" style="width: 18rem;">
                <img src="./img/coffee1.jpg"
                    class="card-img-top" alt="...">
                <div class="card-body">
                    <h5 class="card-title">咖啡鸡尾酒</h5>
                    <a href="#" class="btn btn-primary">播放视频</a>
                    </div>
                </div>
        </div>
        <div class="col-4">
            <div class="card" style="width: 18rem;">
                <img src="./img/coffee2.jpg" class="card-img-top"
                    alt="...">
                <div class="card-body">
                    <h5 class="card-title">茉莉花拿铁</h5>
```

```
                        <a href="#" class="btn btn-primary">播放视频</a>
                    </div>
                </div>
            </div>
            <div class="col-4">
                <div class="card" style="width: 18rem;">
                    <img src="./img/coffee3.jpg" class="card-img-top"
                        alt="...">
                    <div class="card-body">
                        <h5 class="card-title">绿茶玛奇朵</h5>
                        <a href="#" class="btn btn-primary">播放视频</a>
                    </div>
                </div>
            </div>
        </div>
        <div class="row m-2">
            <div class="col-4">
                <div class="card" style="width: 18rem;">
                    <img src="./img/coffee3.jpg" class="card-img-top"
                        alt="...">
                    <div class="card-body">
                        <h5 class="card-title">椰果冻奶茶</h5>
                        <a href="#" class="btn btn-primary">播放视频</a>
                    </div>
                </div>
            </div>
            <div class="col-4">
                <div class="card" style="width: 18rem;">
                    <img src="./img/coffee1.jpg" class="card-img-top"
                        alt="...">
                    <div class="card-body">
                        <h5 class="card-title">榴莲冰咖啡</h5>
                        <a href="#" class="btn btn-primary">播放视频</a>
                    </div>
                </div>
            </div>
            <div class="col-4">
                <div class="card" style="width: 18rem;">
                    <img src="./img/coffee2.jpg" class="card-img-top"
                        alt="...">
                    <div class="card-body">
                        <h5 class="card-title">椰奶冰咖啡</h5>
                        <a href="#" class="btn btn-primary">播放视频</a>
                    </div>
                </div>
            </div>
        </div>
    </div>
    <nav id="paginationLIst" class="bg-light m-3"
        aria-label="Page navigation">
        <ul class="pagination justify-content-center">
            <li class="page-item disabled">
                <a class="page-link" href="#" tabindex="-1"
```

```
                 aria-disabled="true">Previous</a>
        </li>
        <li class="page-item active" aria-current="page">
            <a class="page-link" href="#">1</a>
        </li>
        <li class="page-item">
            <a class="page-link" href="#">2</a>
        </li>
        <li class="page-item">
            <a class="page-link" href="#">Next</a>
        </li>
    </ul>
</nav>
</div>
```

（4）保存上述代码，并使用网页浏览器打开 show.htm 文件，就可以查看当前网页设计的效果了，如图 4-6 所示。

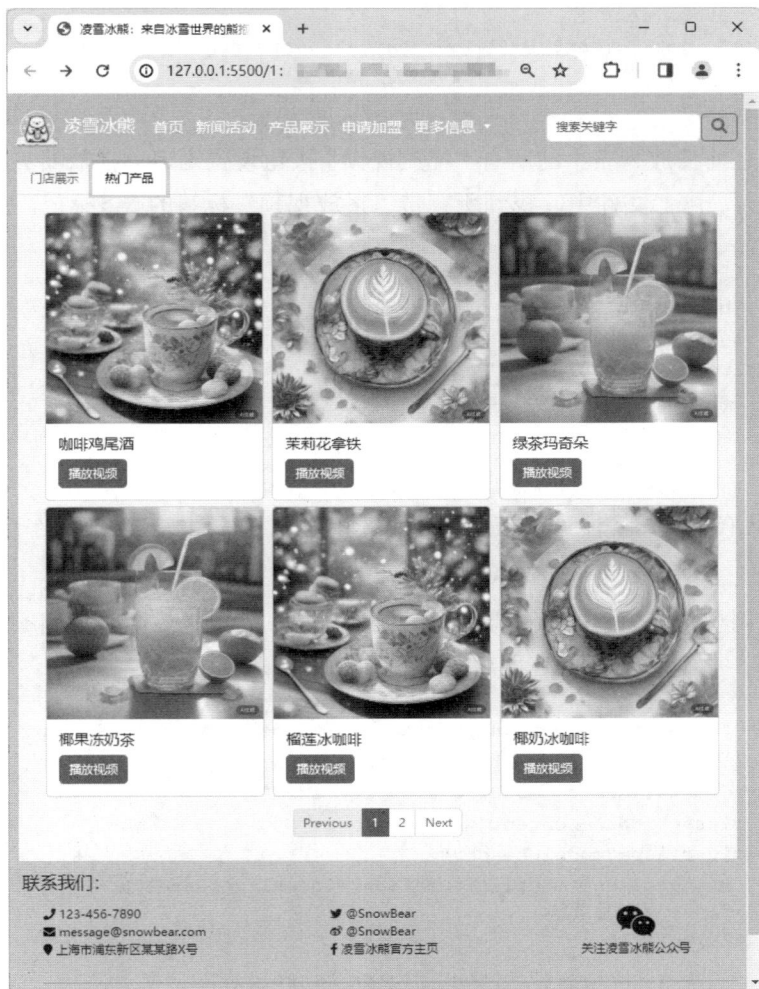

▲图 4-6　当前网页设计的效果

（5）回到之前的命令行终端，并在项目的根目录下通过执行以下命令完成本项目的第二次版本控制操作。

```
git add .
git commit -m "项目 4：完成 "产品展示" 页的设计"
```

第 3 步：多媒体播放界面的设计

在这一步中，主要任务是使用 HTML 中的<video>标记及其子标记创建用于播放多媒体资料的用户界面，并利用 Bootstrap 框架提供的样式类完成该用户界面的设计。为此，要进行以下操作。

（1）为了定义一个可通过单击按钮为视频播放器设置播放源的 JavaScript 函数，使用 Visual Studio Code 编辑器打开 show.htm 文件，在文件中的<head>标记后面添加以下<script>标记。

```
<script defer>
    function setUrl(url) {
        document.getElementById("videosource").src=url;
    }
</script>
```

（2）为了将之前播放列表中的所有"播放视频"按钮设置为启动播放器界面的开关，回到之前创建的 show.htm 文件中，找到所有带"播放视频"标签的<a>标记，并将它们全部替换为以下<button>标记。

```
<button type="button" class="btn btn-primary"
    data-bs-toggle="modal"
    data-bs-target="#videoPlayer"
    onclick="setUrl('[视频文件名].mp4')">
播放视频
</button>
```

注意：在上述代码中，要将"[视频文件名].mp4"替换为与按钮元素所在的卡片对应的视频文件名。

（3）继续使用 Visual Studio Code 编辑器回到 show.htm 文件中，找到<!-- 在此处设置视频播放器元素 -->这一行注释，并将其替换为以下代码。

```
<dialog class="modal fade bg-transparent"" id="videoPlayer" tabindex="-1"
    aria-labelledby="videoPlayerLabel" aria-hidden="true">
    <div class="modal-dialog modal-dialog-centered">
        <div class="modal-content">
            <div class="modal-header">
                <h5 class="modal-title" id="videoPlayerLabel">
                    视频播放器
                </h5>
                <button type="button" class="btn-close"
                    data-bs-dismiss="modal"
                    aria-label="Close">
```

```
            </button>
        </div>
        <div class="modal-body">
            <video controls class="w-100">
                <source id="videosource" type="video/mp4">
                <p>你的浏览器不支持 HTML5 的视频标签！</p>
            </video>
        </div>
        <div class="modal-footer">
            <button type="button"
                class="btn btn-secondary"
                data-bs-dismiss="modal">关闭</button>
            <button type="button"
                class="btn btn-primary">
                下载视频
            </button>
        </div>
    </div>
</div>
</dialog>
```

（4）保存上述代码，使用网页浏览器打开 show.htm 文件，在打开的网页中单击任意一张卡片中带"播放视频"字样的按钮，即可查看当前网页设计的效果，如图 4-7 所示。

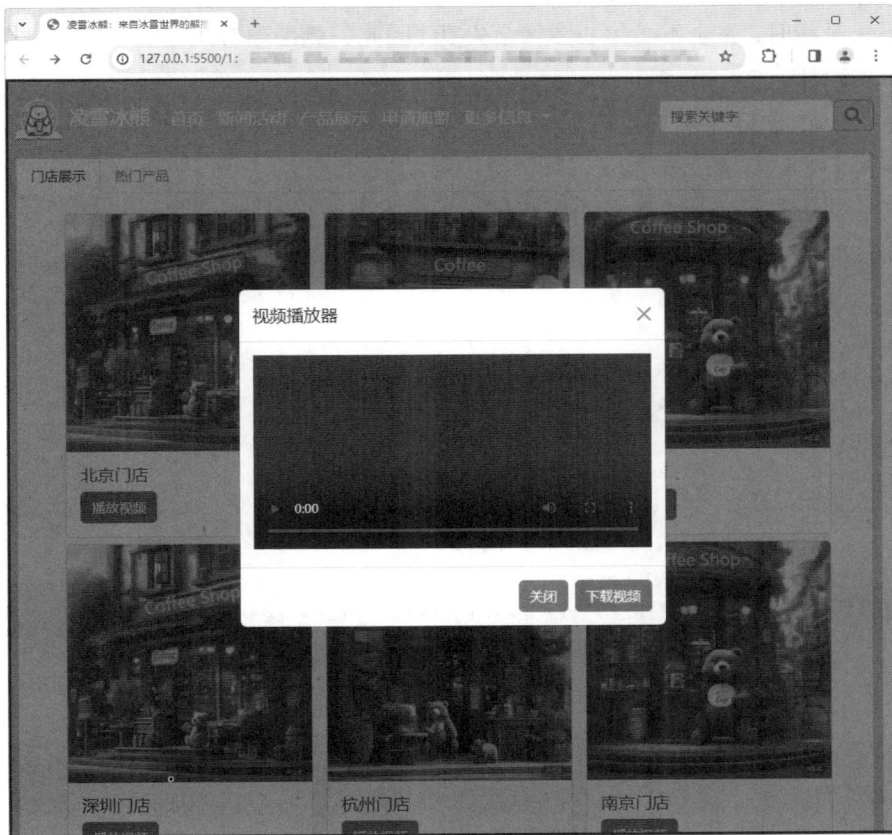

▲图 4-7　当前网页设计的效果

（5）回到之前的命令行终端，在项目的根目录下通过执行以下命令完成本项目的第三次版本控制操作。

```
git add .
git commit -m "项目 4: 完成多媒体播放界面的设计"
```

【拓展知识】

到目前为止，读者学习的是针对多媒体类网页的基本设计工作。然而，在实际生产环境中，要创建的多媒体页面往往比本项目复杂得多。这些任务可能需要设计师学习更多用于嵌入多媒体元素的 HTML 标记。因此，这里将介绍多媒体类的网页设计工作中需要掌握的更多知识。

知识点：在网页中嵌入矢量图与动画

在多媒体类的网页设计任务中，除了音频、视频的播放器元素之外，有时候还需要在页面中嵌入一些可定制的矢量图或动画元素。这就需要用到 HTML5 提供的<svg>标记和<canvas>标记。

<svg>标记用于在网页文档中嵌入矢量图元素。这里，矢量图是一种用数学公式来绘制的图形格式。人们在绘制矢量图时使用的是直线、矩形、圆形等几何图形，而不是像素。在无限放大或缩小矢量图时，完全不必担心图像会失真，因此矢量图通常比之前使用的位图更适用于响应式网页的设计。

在使用<svg>标记定义矢量图元素的过程中，要用到可缩放矢量图形（Scalable Vector Graphics，SVG）。SVG 是一种描述二维矢量图形的 XML 语言。例如，如果要在网页中嵌入一个绘制有红色圆形与黄色矩形的矢量图，则可以使用以下代码。

```
<!DOCTYPE html>
<html lang="zh-CN">
    <head>
        <meta charset="UTF-8">
        <title>嵌入矢量图:</title>
    </head>
    <body>
        <svg width="400" height="300">
            <!-- 在这里放置用于绘制 SVG 的标记 -->
            <circle cx="50" cy="50" r="40"
                stroke="black" stroke-width="3" fill="red" />
            <rect x="100" y="100" width="200" height="100"
                stroke="black" stroke-width="3" fill="yellow" />
        </svg>
    </body>
</html>
```

同样地，上述示例会保存在本书源代码的 Examples/00_demo/embedCase 目录下的

index.htm 文件中。使用网页浏览器打开该文件，其效果如图 4-8 所示。

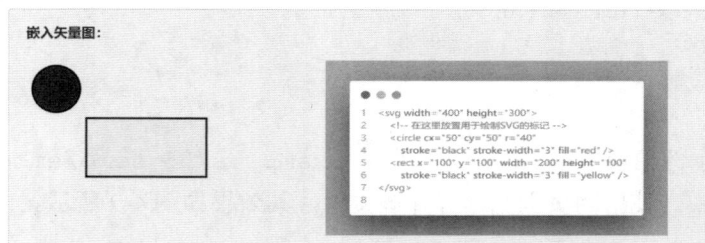

▲图 4-8　嵌入矢量图的效果

接下来结合上述示例简单介绍<svg>及其子标记的使用方法。

<svg>标记具有开始标记<svg>和结束标记</svg>，在这两个标记之间的内容将被渲染为 SVG。设计师可以使用该标记的 width 和 height 属性指定图形的宽度和高度。这决定了 SVG 画布的尺寸，所有的图形元素都将在这个画布上绘制。

SVG 拥有一个独立的坐标系，该坐标系的起点（即(0,0)）通常位于<svg>标记定义的元素的左上角。设计师可以在 SVG 中使用该坐标系放置和定位图形元素。<svg>标记内的坐标系统是相对的，它们与 width 和 height 属性的值相关联。在<svg>标记内，使用一系列子标记来绘制不同的 SVG 元素，如<circle>、<rect>、<line>、<path> 等，这些子标记有各自的属性，可用于控制图形的外观和行为。

设计师可以使用 CSS 来控制 SVG 元素的颜色、填充、描边等外观属性。这些样式可以通过在网页中嵌入内联样式或者引用外部 CSS 文件来进行定义。

SVG 中可以包含交互性功能，如添加鼠标事件处理程序，使用户能够与图形进行互动。另外，SVG 支持动画，使用<animate>标记或 JavaScript 可以为图形元素添加动画效果。

设计师可以将 SVG 嵌入网页中，也可以通过外部文件引入 SVG。这使图形的重用和维护变得更加容易。

总而言之，<svg>标记是一种可用于在网页中创建矢量图形和图表的强大工具，它提供了丰富的功能，包括绘制、样式、交互性和动画等。SVG 还可以在不失真的情况下进行缩放，适用于多种不同的屏幕尺寸和分辨率。

<canvas>标记用于在网页文档中嵌入在运行时进行绘画的画布元素。在使用该标记创建画布元素时，通常会先使用该标签的 width 和 height 属性设置画布的宽度和高度，再使用 JavaScript 完成在该元素内部的绘画任务，例如，像下面这样。

```html
<!DOCTYPE html>
<html>
    <head>
        <title>嵌入画布元素:</title>
    </head>
    <body>
        <canvas id="canvas" width="320" height="240"></canvas>
        <script>
            const canvas = document.getElementById('canvas');
```

```
        const context = canvas.getContext('2d');
        context.fillStyle = '#FF0000';
        context.fillRect(0, 0, 150, 100);
    </script>
  </body>
</html>
```

同样地，上述示例也会保存在本书源代码的 Examples/00_demo/embedCase 目录下的 index.htm 文件中。使用网页浏览器打开该文件，其效果如图 4-9 所示。

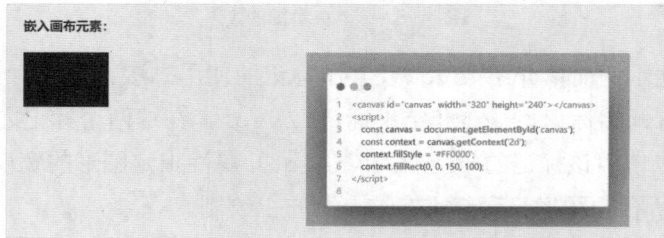

▲图 4-9　嵌入画布的效果

注意，<canvas>标记与<svg>标记是不同的，<svg>标记显示的是在载入页面时由浏览器依据 SVG 语言的描述绘制的几何图形，它通常是预先定义的矢量图形；而<canvas>标记中的图形是利用 JavaScript 脚本绘制的动态图形，因此它具有很大的可编程性。除了绘制静态图形之外，<canvas>标记还可以用于制作动画和游戏。当然，对于不熟悉 JavaScript 的网页设计师来说，在使用<canvas>标记之前可能需要学习一些与 Canvas API 相关的知识。另外，由于不同的网页浏览器对 Canvas API 的支持程度有所不同，因此建议读者在使用时该标记时保持谨慎的态度，事前必须进行充分的兼容性测试。

【作业】

有一家名为"白熊前端"的程序员培训机构，其官方网站的首页及新闻活动页的设计刚刚完成，现在希望你根据首页的设计风格，为该网站设计一个课程展示页，以视频的方式展示该培训机构提供的服务，如其明星级的教师团队、最近的热门课程等。相关信息如下。

- **项目名**：白熊前端网站的课程展示页设计。
- **委托方**：白熊前端的创始人林宇一。
- **项目资料如下。**
  - **代码资料**：设计白熊前端官方网站现有的源代码。
  - **文献资料**：反映白熊前端近况的视频资料。
- **项目要求**：为白熊前端官方网站设计课程展示页，该网页的设计应符合以下要求。
  - 为用户提供体验良好的多媒体播放界面。
  - 采用与网站首页一致的布局风格与配色方案。
- **时间要求**：在 3 个工作日内完成。

【作业评价】

序号	评测内容	评分标准	分值	得分
1	视频资料的呈现	网页中呈现了客户提供的视频资料	20	
2	多媒体界面的设计	网页中的视频播放功能实现了用户体验良好的操作界面	20	
3	PC 端浏览器中的呈现效果	在 Chrome 和 Firefox 浏览器中网页的呈现效果一致	30	
4	移动端浏览器中的呈现效果	在基于 iOS 和 Android 系统的主流设备中网页的呈现效果一致	30	

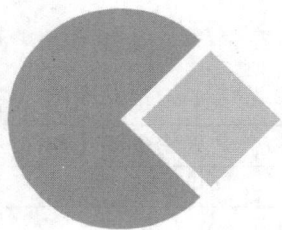

项目 5　企业网站的"申请加盟"页设计

　　企业网站的申请表单页（例如，"申请加盟"页）设计在网页设计领域中属于输入性的用户界面设计。其设计目的是让目标网页成为一个用户体验良好的人机交互界面，以便 Web 应用程序的用户能按照其用户界面指定的规则输入数据，并提交给后端服务器。在此类项目中，通常会充分利用 HTML5 文档中的按钮、标签、输入框、单选按钮、复选框、下拉列表等交互类页面元素来完成对输入性用户界面的设计，以便人们能在良好的操作体验下安全地输入数据并将其提交给服务器。因此，表单页设计也是企业网站设计工作中的重点任务之一。

【学习目标】

　　本项目会继续以凌雪冰熊网站中"申请加盟"页的设计为例演示如何为企业网站设计用于提交数据的表单页。同样地，该网页的设计必须延续该网站首页的布局风格与配色方案，并在导航栏中预留跳转到网站首页、"新闻活动"页、"产品展示"页等页面的链接。通过对本项目的实践，读者将会初步了解设计一个用于输入信息的用户界面所要执行的基本步骤，以及执行这些步骤所需的基本技术与相关工具。总而言之，在阅读完本项目之后，我们希望读者能够：

- 了解HTML5中提供的交互类标记，并掌握这些标记在网页设计工作中的具体使用方式；
- 了解如何基于 HTML5 与 CSS3 实现交互类元素的用户界面设计；
- 掌握如何在网页设计工作中利用 Bootstrap 框架完成用户输入界面的设计任务。

【学习场景描述】

　　凌雪冰熊饮料店的网页设计团队如今已经完成了其官方网站的首页、"新闻活动"页、"产品展示"页的设计，并基于该设计进一步创建了该网站的网页模板。现在，他们希望你基于该模板继续为该网站设计用于提交加盟申请的页面，目的是简化凌雪冰熊饮料店的加盟流程，从而吸引更多的合作伙伴，并进一步扩展其规模。在这个网页设计项目中，你的主要任务是为该"申请加盟"页设计一个表单，以便充当潜在客户提交加盟申请信息的用户界面。当然，要确保该页面采用与首页一致的布局风格与配色方案。

【任务书】

- 项目名：凌雪冰熊网站的"申请加盟"页设计。
- 委托方：凌雪冰熊股份有限公司互联网部门。
- 项目资料如下。
  - **代码资料**：设计凌雪冰熊网站现有的源代码。
  - **文献资料**：一份名为"凌雪冰熊加盟申请须知"的文档。
- 项目要求：为凌雪冰熊饮料店的网站设计"申请加盟"页，该网页的设计应符合以下要求：
  - 为潜在的客户提供用户体验良好的、输入性的用户界面；
  - 在外观样式上采用与网站首页一致的布局风格与配色方案。
- 时间要求：在 3 个工作日内完成。

【任务拆解】

本项目的实施过程可以划分为以下 3 个小任务。
- 基于凌雪冰熊官方网站提供的网页设计模板创建该网站的"申请加盟"页。
- 利用 HTML 标记在网页中创建用于让潜在客户提交加盟申请的表单元素。
- 利用 Bootstrap 框架提供的样式类和组件设计专用于输入数据的用户界面。

【知识准备】

在本项目中，主要任务是为凌雪冰熊网站创建用于提交加盟申请的页面。下面介绍完成该项目所需要掌握的知识点与工具，如果读者已经掌握了这部分知识，则可以选择跳过这些内容，直接进入本项目的【工作实施与交付】环节。

知识点 1：HTML5 中的交互类标记

自从以异步 JavaScript 和 XML（Asynchronous JavaScript And XML，AJAX）为代表的 Web 2.0 技术崛起以来，网页的功能日益被扩展成一种应用程序的用户界面（有时也称为应用程序的前端）。因此，学习如何构建 Web 应用程序的用户界面并赋予其良好的操作体验成为网页设计工作中的重要任务之一。为了完成这一部分工作，HTML5 提供了一系列用于构建人机交互界面的标记。下面详细介绍这些标记及其使用方法。

1. 可独立使用的标记

本着从简单到复杂的原则，先从一些可独立设置的交互类元素开始当前知识点的介绍。下面介绍用于创建这类元素的 HTML 标记及其使用示例。

<button>标记可用于在网页中创建一个独立的按钮元素，该元素可独立响应用户的单击操作。其基本使用方法如下。

```
<button type="button" onclick="alert('Hello World!')">
    <!-- 这里可以设置按钮上要显示的文字或图形 -->
    <p>普通按钮</p>
</button>
<button type="submit" onclick="alert('Hello World!')">
    <!-- 这里可以设置按钮上要显示的文字或图形 -->
    <p>提交按钮</p>
</button>
<button type="reset" onclick="alert('Hello World!')">
    <!-- 这里可以设置按钮上要显示的文字或图形 -->
    <p>重置按钮</p>
</button>
```

在上述示例中，type 属性用于指定按钮的类型，其取值可以是 button、submit 或 reset，分别表示普通按钮、提交按钮和重置按钮，默认值为 button。而 onclick 属性用于指定在单击按钮时所要执行的 JavaScript 脚本，其值既可以是 JavaScript 代码，又可以是 JavaScript 代码所在的 URL。这里，上述示例用于弹出一个带"Hello World!"字样的信息提示框。在<button>和</button>标记之间，设置用于显示在按钮上的提示信息，该信息可以是一段文本，也可以是一个图形，但要能说明该按钮元素的功能。

<input>标记可用于在网页中创建一个输入性质的元素，主要包括文本输入框、密码输入框、单选按钮、复选框、文件上传控件、日期选择控件、滑块等。其基本使用方法如下。

```
<!-- 定义一个文本输入框 -->
<input type="text" value="文本输入框" />

<!-- 定义一个密码输入框 -->
<input type="password" value="密码输入框" />

<!-- 定义一组单选按钮，其中只有一个选项被选中 -->
<input type="radio" name="gender" value="male" checked="checked" />男
<input type="radio" name="gender" value="female" />女

<!-- 定义一组复选框，其中可以有多个选项被选中 -->
<input type="checkbox" name="hobby" value="basketball" checked="checked" />篮球
<input type="checkbox" name="hobby" value="football" />足球
<input type="checkbox" name="hobby" value="swimming" />游泳

<!-- 创建一个文件上传控件，用于上传图片 -->
<input type="file" name="file" />

<!-- 创建一个日期选择控件，用于选择生日 -->
<input type="date" name="birthday" />

<!-- 定义一个滑块，其中滑块的当前值是 50 -->
<input type="range" min="0" max="100" value="50" />
```

在上述示例中，type 属性用于指定输入框的类型，其值可以是 text、password、radio、checkbox、range、file、date 等。需要特别提醒的是，虽然<input>标记也可用于创建按钮元素，但是与<button>标记相比，<input>标记用于表示用户输入的具体信息，并不推荐使用它来设置按钮元素。

<textarea>标记用于在网页中创建一个支持多行输入的文本输入框。其基本使用方法如下。

```
<textarea rows="3" cols="20">文本区域</textarea>
```

在上述示例中，rows 属性用于指定该多行文本输入框元素中可以显示的行数，cols 属性用于指定该元素中可以显示的列数。

<output>标记用于在网页中创建一个输出区域，通常需要配合输入性质的元素一起使用。其基本使用方法如下。

```
<!--
    for 属性用于指定该输出区域与哪个输入性质的元素相关联，
    在本例中，该输出区域与 range 元素相关联
-->
<output for="range">0</output>
<input type="range" id="range"
    min="0" max="100"
    oninput="output.value = range.value"
/>
```

在上述示例中，先用<output>标记创建一个输出区域，再用<input>标记创建一个滑块，并为其设置 oninput 事件，当滑块的值发生变化时，会自动更新输出区域中的值。

<progress>标记可用于在网页中创建一个独立的进度条元素。该元素的主要功能是根据用户的操作或某个预定义的 JavaScript 脚本显示某个任务的进度。其基本使用方法如下。

```
<progress id="task" value="0" max="100"></progress>
<script>
    document.getElementById('task').value = 50;
</script>
```

在上述示例中，value 属性用于指定进度条当前的值，而 max 属性用于指定进度条的最大值。这里，该标记会根据<script>标记中预定义的 JavaScript 脚本显示进度条的值。

<meter>标记可用于在网页中创建一个独立的度量衡元素，其基本使用方法如下。

```
<meter value="75" min="0" max="100">75%</meter>
```

在上述示例中，value 属性用于指定度量衡元素的当前值，而 min 和 max 属性分别用于指定度量衡元素的最小值和最大值。

2. 需组合使用的标记

为了帮助设计师设计出功能更复杂的用户界面，HTML5 还提供了一系列需要使用多个标记来创建的人机交互元素。下面继续介绍这部分 HTML 标记及其使用方法。

<select>和<option>标记可用于在网页中创建一个独立的下拉列表元素，其基本使用

方法如下。

```
<select>
    <option value="1">选项 1</option>
    <option value="2">选项 2</option>
    <option value="3">选项 3</option>
</select>
```

在上述示例中，<select>标记用于创建下拉列表本身，而其<option>子标记用于设置下拉列表中的选项，其 value 属性用于指定选项的值。

<details>和<summary>标记可用于在网页中创建一个可折叠的内容块元素。该元素允许用户通过单击其标题部分显示或隐藏要显示的具体内容。<details>和<summary>标记的基本使用方法如下。

```
<details>
    <summary>内容块的标题</summary>
    <!-- 在这里放置要在内容块中显示的内容 -->
<p>内容块中的一个段落。</p>
</details>
```

在上述示例中，<details>标记用于创建可折叠的内容块元素本身，其<summary>子标记用于设置该块元素的标题部分，而内容块元素要显示或隐藏的具体内容需要放置在从<summary>标记之后到</details>标记之前的区域中。

<datalist>和<option>标记可用于在网页中创建针对<input>标记的自动补全列表，其基本使用方法如下。

```
<!DOCTYPE html>
<html>
    <head>
        <title>自动补全列表</title>
    </head>
    <body>
        <input type="text" list="fruits">
        <datalist id="fruits">
            <option value="Apple">
            <option value="Banana">
            <option value="Orange">
        </datalist>
    </body>
</html>
```

在上述示例中，先用<input>标记创建一个文本输入框，再用<datalist>标记为该文本输入框创建一个自动补全列表元素，并利用其<option>子标记为该元素设置 Apple、Banana 和 Orange 这 3 个可选项。

<form>标记及其子标记用于在网页中创建一个表单元素。在基于 HTML 的用户界面设计中，表单元素的作用是收集用户输入的数据。在该元素下，设计师可以使用一系列子标签来让用户输入数据。这些标记主要包括以下几个。

- <label>子标记：用于在表单中创建一个标签元素，其 for 属性用于指定该标签所对应的输入框的 ID。
- <input>子标记：用于在表单中创建一个输入性质的元素。
- <textarea>子标记：用于在表单中创建一个多行的文本输入框。
- <button>子标记：用于在表单中创建一个按钮元素。
- <select>子标记：用于在表单中创建一个下拉列表元素。
- <optgroup>子标记：用于在表单的下拉列表中创建一个选项组元素。
- <datalist>子标记：用于在表单中创建一个自动补全列表元素。
- <keygen>子标记：用于在表单中创建一个密钥对生成器元素。
- <output>子标记：用于在表单中创建一个输出元素。
- <fieldset>子标记：用于在表单中创建一个表单元素的分组，会为该分组设置一个专属边框。
- <legend>子标记：用于在表单的分组中创建一个标题，其 for 属性用于指定该标题所对应的输入框的 ID。

下面通过创建一个用于用户注册的简单表单演示以上标记的使用方法。

```html
<form method="post" action="https://www.example.com/register">
<label for="username">用户名: </label>
<input type="text" name="username"
id="username" placeholder="请输入用户名">
    <br>
<label for="password">密码: </label>
<input type="password" name="password"
id="password" placeholder="请输入密码">
    <br>
<label for="email">邮箱: </label>
<input type="email" name="email"
id="email" placeholder="请输入邮箱">
    <br>
    <label for="birthday">生日: </label>
    <input type="date" name="birthday" id="birthday">
    <br>
    <label for="gender">性别: </label>
    <input type="radio" name="gender" id="male" value="male">
    <label for="male" class="radio-label">男性</label>
    <input type="radio" name="gender" id="female" value="female">
    <label for="female" class="radio-label">女性</label>
    <input type="radio" name="gender" id="secret" value="secret">
    <label for="secret" class="radio-label">保密</label>
    <br>
    <label for="hobby">爱好: </label>
    <input type="checkbox" name="hobby" id="football" value="football">
<label for="football" class="checkbox-label">足球</label>
<input type="checkbox" name="hobby" id="basketball" value="basketball">
```

```
    <label for="basketball" class="checkbox-label">篮球</label>
    <input type="checkbox" name="hobby" id="swimming" value="swimming">
    <label for="swimming" class="checkbox-label">游泳</label>
    <br>
    <label for="address">居住城市: </label>
    <select name="address" id="address">
        <option value="beijing">北京</option>
        <option value="shanghai">上海</option>
        <option value="guangzhou">广州</option>
        <option value="shenzhen">深圳</option>
    </select>
    <br>
    <label for="file">个人照片: </label>
    <input type="file" name="file" id="file">
    <br>
<label for="textarea">个人描述: </label>
<textarea name="textarea" id="textarea"cols="30" rows="10"></textarea>
    <br>
    <button type="submit"
            onclick="alert('提交成功')">提交</button>
<button type="reset">重置</button>
</form>
```

在上述示例中，主要进行了以下操作。

- 使用<form>标记创建了表单元素。在此过程中，使用 method 属性指定表单提交的方式为 post，使用 action 属性指定表单提交的目的地（即应用程序后端的某个URL）。

- 使用<form>标记的各种子标记创建该表单元素的各个输入字段，并为其设置对应的 id 属性。在提交表单时，这些输入字段的值会以键值对的形式被提交到服务器。

- 使用<button>创建该表单元素的"提交"按钮和"重置"按钮，并为其添加单击事件。

知识点 2: 基于 CSS3 的表单样式设计

在使用 HTML5 标记创建用户界面中的交互类元素之后，就利用 CSS 设置用户界面的外观样式。通常情况下，在设计 Web 应用程序的用户界面时，设计师会倾向于让它在外观样式上无限接近传统的桌面应用程序，这有助于人们在使用 Web 应用程序时延续传统的计算机操作习惯，从而降低 Web 应用程序的使用门槛。下面以刚刚创建的用户注册表单为例演示如何基于 CSS3 完成用户界面的设计任务。

（1）将在本项目知识点 1 中创建的用户注册表单元素放置到一个结构完整的 HTML 文档中（这里，该文档将保存在本书源代码的 Examples/00_demo/formCase 目录中，文件名为 index.htm），其具体代码如下。

```
<!DOCTYPE html>
<html lang="zh-CN">
```

```html
<head>
    <meta charset="UTF-8">
    <title>交互类元素示例：用户注册</title>
    <lInk rel="stylesheet" href="./styles/main.css">
</head>
<body>
    <form method="post" action="https://www.example.com/register">
        <label for="username">用户名：</label>
        <input type="text" name="username" id="username"
                placeholder="请输入用户名">
        <br>
        <label for="password">密码：</label>
        <input type="password" name="password" id="password"
                placeholder="请输入密码">
        <br>
        <label for="email">邮箱：</label>
        <input type="email" name="email" id="email"
                placeholder="请输入邮箱">
        <br>
        <label for="birthday">生日：</label>
        <input type="date" name="birthday" id="birthday">
        <br>
        <label for="gender">性别：</label>
        <input type="radio" name="gender" id="male" value="male">
        <label for="male" class="radio-label">男性</label>
        <input type="radio" name="gender" id="female" value="female">
        <label for="female" class="radio-label">女性</label>
        <input type="radio" name="gender" id="secret" value="secret">
        <label for="secret" class="radio-label">保密</label>
        <br>
        <label for="hobby">爱好：</label>
        <input type="checkbox" name="hobby" id="football" value="football">
        <label for="football" class="checkbox-label">足球</label>
        <input type="checkbox" name="hobby" id="basketball" value="basketball">
        <label for="basketball" class="checkbox-label">篮球</label>
        <input type="checkbox" name="hobby" id="swimming" value="swimming">
        <label for="swimming" class="checkbox-label">游泳</label>
        <br>
        <label for="address">居住城市：</label>
        <select name="address" id="address">
            <option value="beijing">北京</option>
            <option value="shanghai">上海</option>
            <option value="guangzhou">广州</option>
            <option value="shenzhen">深圳</option>
        </select>
        <br>
        <label for="file">个人照片：</label>
        <input type="file" name="file" id="file">
        <br>
```

```
            <label for="textarea">个人描述: </label>
            <textarea name="textarea" id="textarea" cols="30" rows="10"></textarea>
            <br>
            <button type="submit"
                    onclick="alert('提交成功')">提交</button>
            <button type="reset">重置</button>
        </form>
</body>
</html>
```

（2）创建相应的 CSS 文件。具体来说，先按照上述 HTML 文档中<link>标记指定的相对路径创建一个名为 main.css 的文件，再使用代码编辑器打开该文件即可编写样式代码。这里，将从整个页面的全局样式开始着手，主要设置需要全局使用的字体及其大小、背景色等。

```
/* 设置全局样式 */
body {
    font-family: "Microsoft Yahei" Arial, sans-serif;
    font-size: 16px;
background-color: #f2f2f2;
}
```

（3）正式设置用户界面的样式。先从表单元素及其一般性标签与输入性元素开始，这部分的外观样式设计通常只与元素的内外边距和边框相关。

```
/* 设置表单元素的样式 */
form {
    width: 45vw;
    margin: 0 auto;
    padding: 0.5vh 1.5vw;
    background-color: #fff;
    border-radius: 5px;
    box-shadow: 0 0 10px rgba(0, 0, 0, 0.1);
}

/* 设置一般性标签元素的样式 */
label {
    display: block;
    margin: 0.5vh 0;
    font-weight: bold;
}

/* 设置一般性输入元素的样式 */
input[type="text"],
input[type="password"],
input[type="email"],
input[type="date"],
input[type="file"],
textarea {
    width: 100%;
    padding: 1.5vh 1.5vw;
    border: 1px solid #ccc;
```

```
        border-radius: 3px;
        box-sizing: border-box;
        margin-bottom: 0.5vh;
}
```

（4）设置有特殊样式的输入性元素：对于单选按钮与复选框元素，需要使它们横向排列；对于多行输入框元素，需要设置行数和列数；对于按钮，需要设置指定的背景色等。

```
/* 设置单选按钮和复选框元素的特定样式 */
input[type="radio"],
input[type="checkbox"] {
        margin-right: 0.1vw;
}
label.radio-label,
label.checkbox-label {
        display: inline-block;
        margin-right: 1vw;
}

/* 设置下拉列表元素的特定样式 */
select {
        width: 100%;
        padding: 0.5vh 0.5vw;
        border: 1px solid #ccc;
        border-radius: 3px;
        box-sizing: border-box;
        margin-bottom: 0.5vh;
}

/* 设置文本区域元素的特定样式 */
textarea {
        width: 100%;
        padding: 1vh 1.5vw;
        border: 1px solid #ccc;
        border-radius: 3px;
        box-sizing: border-box;
        margin-bottom: 0.5vh;
}

/* 设置按钮元素的特定样式 */
button {
        padding: 1vh 2vw;
        background-color: #4CAF50;
        color: #fff;
        border: none;
        border-radius: 3px;
        cursor: pointer;
        margin: 0.5vh 1vw;
}
button[type="reset"] {
background-color: #f44336;
}
```

（5）在将上述代码保存为相应类型的文件之后，使用网页浏览器打开这个文件，其效果如图 5-1 所示。

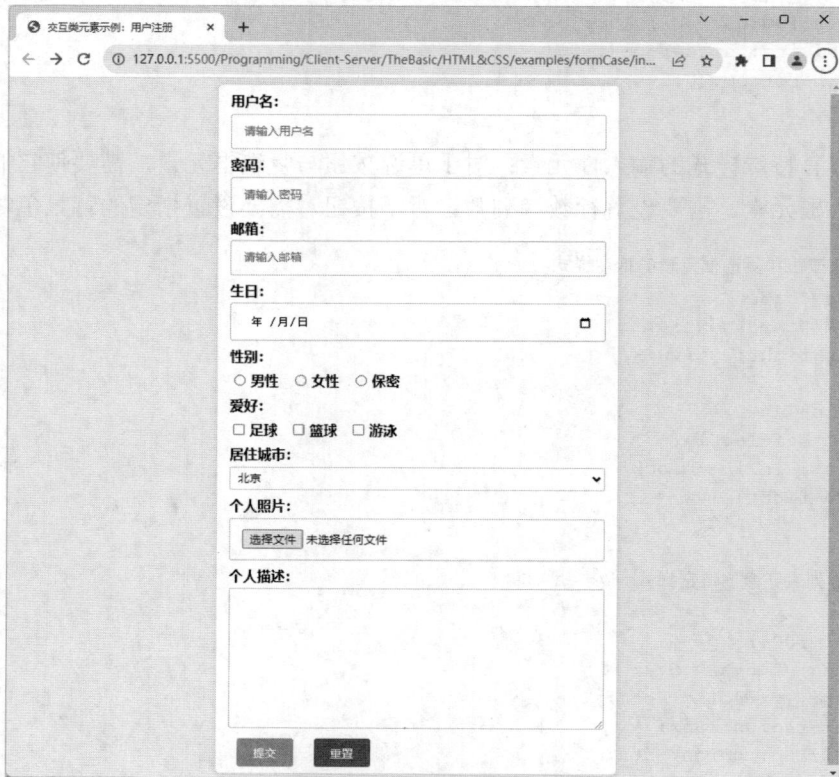

▲图 5-1　用户注册界面效果

知识点 3：基于 Bootstrap 框架的表单样式设计

在介绍 Bootstrap 框架为表单元素提供的样式类之前，参考之前的用户注册表单演示 Bootstrap 框架的应用，以便读者比较这两种实现方法。用户注册表单的构建步骤如下。

（1）在本地计算机中创建一个名为 `formCase` 的项目（这里，将其创建在本项目所在目录的 `Examples` 目录下），并按照之前示例中演示的方法将 Bootstrap 框架引入当前项目中。

（2）在 Visual Studio Code 编辑器中，打开刚刚创建的项目，在该项目的根目录下创建一个 `index.htm` 文件，并在其中输入以下代码。

```
<!DOCTYPE html>
<html lang="zh-CN">
    <head>
        <meta charset="UTF-8">
        <meta name="viewport"
content="width=device-width, initial-scale=1.0">
        <link rel="stylesheet" href="./styles/bootstrap.min.css">
        <script src="./scripts/bootstrap.min.js" defer></script>
        <title>基于 Bootstrap 的用户注册界面</title>
    </head>
    <body class="text-bg-dark">
        <main class="container">
            <form method="post" action="http://example.com/user-register"
                class="text-bg-light border rounded p-4 mt-5 mx-auto" >
                <div class="row mb-3">
                    <label for="username" class="col-form-label col-2">
```

```
            用户名：
        </label>
        <div class="col-10">
            <input type="text" class="form-control"
                id="username" name="username"
                placeholder="请输入你的用户名">
        </div>
</div>
<div class="row mb-3">
        <label for="password" class="col-form-label col-2">
            密码：
        </label>
        <div class="col-10">
            <input type="password" class="form-control"
                id="password" name="password"
                placeholder="请设置一个新密码">
            <input type="password" class="form-control"
                id="repassword" name="repassword"
                placeholder="请确认你的密码">
        </div>
</div>
<div class="row mb-3">
        <label for="email" class="col-form-label col-2">
            邮箱：
        </label>
        <div class="col-10">
            <input type="email" class="form-control"
                id="email" name="email"
                placeholder="请输入邮箱地址">
        </div>
</div>
<div class="row mb-3">
        <label for="birthday" class="col-form-label col-2">
            生日：
        </label>
        <div class="col-10">
            <input type="date" class="form-control"
                id="birthday" name="birthday">
        </div>
</div>
<div class="row mb-3">
        <label for="gender" class="col-form-label col-2">
            性别：
        </label>
        <div class="col-10 row">
            <div class="form-check col-2">
                <input type="radio" class="form-check-input"
                    name="gender" id="male" value="male">
                <label class="form-check-label" for="male">
                    男
                </label>
            </div>
            <div class="form-check col-2">
                <input type="radio"  class="form-check-input"
                    name="gender"  id="female" value="female">
                <label class="form-check-label" for="female">
                    女
                </label>
```

```
            </div>
            <div class="form-check col-2">
                <input type="radio"  class="form-check-input"
                    name="gender"  id="secret" value="secret">
                <label class="form-check-label" for="secret">
                    保密
                </label>
            </div>
        </div>
    </div>
    <div class="row mb-3">
        <label for="hobby" class=" col-form-label col-2">
            爱好：
        </label>
        <div class="col-10 row">
            <div class="form-check col-2">
                <input type="checkbox" class="form-check-input"
                    id="hobby" name="hobby" value="football">
                <label for="hobby" class="form-check-label">
                    足球
                </label>
            </div>
            <div class="form-check  col-2">
                <input type="checkbox" class="form-check-input"
                    id="hobby" name="hobby" value="basketball">
                <label for="hobby" class="form-check-label">
                    篮球
                </label>
            </div>
            <div class="form-check col-2">
                <input type="checkbox" class="form-check-input"
                    id="hobby" name="hobby" value="swimming">
                <label for="hobby" class="form-check-label">
                    游泳
                </label>
            </div>
        </div>
    </div>
    <div class="row mb-3">
        <label for="address" class="col-form-label col-2">
            居住城市：
        </label>
        <div class="col-10">
            <select class="form-select" name="address"
                id="address">
                <option selected>请选择...</option>
                <option value="beijing">北京</option>
                <option value="shanghai">上海</option>
                <option value="guangzhou">广州</option>
                <option value="shenzhen">深圳</option>
            </select>
        </div>
    </div>
    <div class="row mb-3">
        <label for="file" class="col-form-label col-2">
            个人照片：
        </label>
        <div class="col-10">
```

```
                    <input type="file" class="form-control"
                        id="file" name="file">
                </div>
            </div>
            <div class="row mb-3">
                <label for="textarea" class="col-form-label col-2">
                    个人描述：
                </label>
                <div class="col-10">
                    <textarea class="form-control"
                        id="textarea" name="textarea" rows="3"></textarea>
                </div>
            </div>
            <div class="w-25 d-flex justify-content-between">
                <button type="submit" class="btn btn-primary">
                    注册
                </button>
                <button type="reset" class="btn btn-danger">
                    重置
                </button>
            </div>
        </form>
    </main>
</body>
</html>
```

（3）保存上述代码，使用网页浏览器打开 index.htm 文件，查看当前网页设计的效果，如图 5-2 所示。

▲图 5-2 当前网页设计的效果

同样，上述示例只使用 Bootstrap 框架提供的一系列样式类就实现了本项目知识点 1 中用上百行 CSS 代码实现的效果。下面介绍相关样式类的使用方法。

1. 表单整体布局

默认情况下，表单中的元素是纵向排列的，设计师通常只需要使用<div>对它们分组并设置一定的间距即可实现基本布局。以下代码用于创建一个使用默认布局的用户登录界面。

```
<form class="border rounded p-3 m-5"
    method="post" action="http://example.com/api">
    <div class="mb-3">
        <label for="username" class="form-label">用户名</label>
        <input type="text" class="form-control" id="username" name="username"
            placeholder="请输入用户名">
    </div>
    <div class="mb-3">
        <label for="password" class="form-label">密码</label>
        <input type="password" class="form-control" id="password"
                name="password" placeholder="请输入密码">
    </div>
    <div class="mb-3">
        <button type="submit" class="btn btn-primary">登录</button>
        <button type="reset" class="btn btn-danger">重置</button>
    </div>
</form>
```

上述代码使用<div>标记对表单中的元素进行分组，并使用 class="mb-3"设置其间距。另外，因为<form>标记本身可以被视为一个用于组织用户界面元素的布局类元素，所以这里为它设置了长度、宽度、边框及内外边距等样式。上述代码的显示效果如图 5-3 所示。

▲图 5-3　采用垂直布局的用户登录界面的效果

如果要采用水平布局的表单设计，则将<form>标记的 class 属性值设置为 row，并将分组交互元素的<div>标记的 class 属性设置为 col-*即可。以下代码用于创建一个使用水平布局的用户登录界面。

```
<form method="post" action="http://example.com/api"
    class="row border rounded p-3 m-5">
```

```
    <div class="col-4">
        <input type="" class="form-control"
            placeholder="请输入你的用户名">
    </div>
    <div class="col-4">
        <input type="password" class="form-control"
            placeholder="请输入你的密码">
    </div>
    <div class="col-4">
        <button type="submit" class="btn btn-primary">登录</button>
        <button type="reset" class="btn btn-danger">重置</button>
    </div>
</form>
```

上述代码的显示效果如图 5-4 所示。

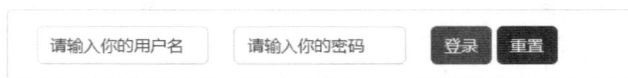

▲图 5-4　采用水平布局的用户登录界面的效果

当然，由 row 和 col-* 搭配的栅格布局方式也可以用于设计多行多列的表格元素。以下代码用于创建填写用户信息的表单。

```
<form method="post" action="http://example.com/api"
    class="border rounded p-3 m-5">
    <div class="row p-1">
        <div class="col-6">
            <input type="text" class="form-control"
                name="firstname" id="firstname"
                placeholder="姓">
        </div>
        <div class="col-6">
            <input type="text" class="form-control"
                name="lastname" id="lastname"
                placeholder="名">
        </div>
    </div>
    <div class="row p-1">
        <label for="address" class="col-form-label col-12">
            具体地址：
        </label>
        <div class="col-12">
            <input type="text" class="form-control"
                name="address" id="address"
                placeholder="请输入详细街道地址">
        </div>
    </div>
    <div class="row p-1">
        <div class="col-6">
            <label for="city" class="form-label">城市：</label>
```

```
                <input type="text" class="form-control"
                    name="city" id="city">
        </div>
        <div class="col-4">
            <label for="state" class="form-label">国家: </label>
            <input type="text" class="form-control"
                    name="state" id="state">
        </div>
        <div class="col-2">
            <label for="zipcode" class="form-label">邮编: </label>
            <input type="text" class="form-control"
                    name="zipcode" id="zipcode">
        </div>
    </div>
    <div class="d-flex gap-3 m-2">
        <button type="submit" class="btn btn-primary">提交</button>
        <button type="reset" class="btn btn-danger">重置</button>
    </div>
</form>
```

上述代码的显示效果如图 5-5 所示。

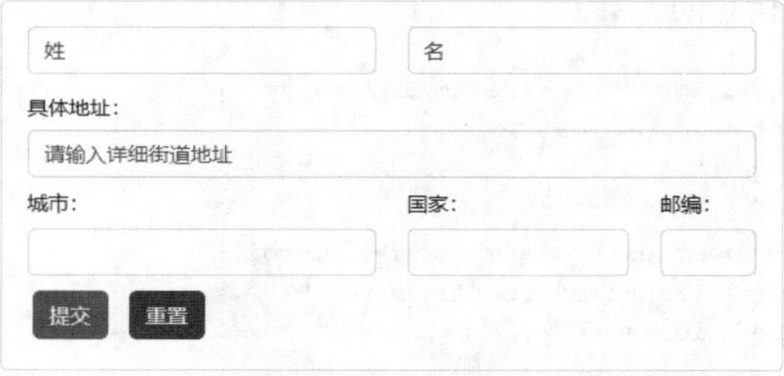

▲图 5-5　采用多行多列布局的表单的效果

2. 表单元素样式

在完成了表单的整体布局之后, 就设置表单中的交互元素。在 Bootstrap 框架中, 用于设置表单中交互元素的样式类主要有以下几个。

- form-text: 主要作用于表单元素中的文本类标记, 用于设置提示文本的样式。
- form-label: 主要作用于表单元素中的<label>标记, 用于设置表单标签的样式。
- form-check: 主要作用于表单中用来设置单选按钮或复选框的<div>标记, 用于设置表单中一组单选按钮或复选框的样式。
- form-check-inline: 主要作用于表单元素中用来设置单选按钮或复选框的<div>标记, 通常需要与 form-check 样式类配合使用, 效果是使表单中的一组单选按钮或复选框水平排列。
- form-switch: 主要作用于表单中用来为复选框分组的<div>标记, 通常需要与 form-check 样式类配合使用, 效果是将表单中的一组复选框设置为开关样式。

- form-check-input：主要作用于表单元素中的<input type="radio">或<input type="checkbox">标记，这两个标记通常会放置在 class="form-check"的<div>标记内部，用于设置表单中特定单选按钮或复选框的样式。

- form-check-label：主要作用于表单中放置在 class="form-check"的<div>标记内部的<label>标记，用于设置表单中特定单选按钮或复选框的标签样式。

- form-file：主要作用于表单中的<input type="file">标记，用于设置表单中文件上传元素的样式。

- form-range：主要作用于表单中的<input type="range">标记，用于设置表单中滑块的样式。

- form-control：主要作用于表单中用<input>或<textarea>标记定义的元素（前面已经列出的特定元素除外），用于设置表单中一般输入性元素的样式。

- form-select：主要作用于表单中的<select>标记，用于设置表单中下拉列表的样式。

- form-group：主要作用于表单中用来为交互元素分组的<div>标记，用于设置表单中某一组交互元素的样式。

3. 表单验证设置

在使用表单为应用程序构建用户界面的过程中，设计师通常需要为界面中的交互元素设计一些在发生操作错误时显示相关提示的验证类元素，以保证用户输入的内容符合预期。在Bootstrap 框架中，用于设置表单中验证类元素的样式类主要有以下几个。

- is-invalid：主要用于表示交互元素的无效状态。该样式类通常需要与表单中的<input>、<select>或<textarea>等交互元素搭配使用，当这些交互元素得到的用户输入信息不符合验证规则时，可通过相应的 JavaScript 激活该样式类，使其显示红色的边框和红色的文字。

- is-valid：主要用于表示交互元素的合法状态。该样式类通常需要与表单中的<input>、<select>或<textarea>等交互元素搭配使用，当这些交互元素得到的用户输入信息符合验证规则时，可通过相应的 JavaScript 脚本激活该样式类，使其显示绿色的边框和绿色的文字。

- was-validated：主要用于表示表单已经通过验证。当表单中的所有必填字段都通过验证时，可以添加该样式类，以便显示成功的样式。该样式类通常添加在<form>元素上。

- invalid-feedback：用于显示验证错误的消息。当表单元素的值不符合验证规则时，可以添加该样式类，并在其后添加相应的错误提示信息。该样式类通常与<div>元素一起使用。

除了上述常用的样式类之外，Bootstrap 框架还提供了一些专用的表单验证组件。这些组件可以利用功能强大的 JavaScript 脚本处理表单的验证逻辑。读者可以自行查看官方文档中关于这些组件的介绍。

【工作实施和交付】

在具有上述知识之后，即可根据之前【任务书】中的要求着手设计凌雪冰熊网站的"申请加盟"页。该项目的实施可以分为以下步骤。

第 1 步：基于网页模板创建目标页面

在这一步中，主要任务是基于凌雪冰熊公司提供的网页设计模板创建网站的"申请加盟"页，并根据项目的具体需求调整网页的导航栏设计。为此，要进行以下操作。

（1）使用命令行终端回到凌雪冰熊网站项目的根目录下，并通过执行 cp template.htm join.htm 命令创建该网站的"申请加盟"页。

（2）使用 Visual Studio Code 编辑器打开刚刚创建的 join.htm 文件，找到页面的导航栏部分并将"首页"改为"申请加盟"，将之前创建的网站首页、"新闻活动"页、"产品展示"页所在的 URL 添加到该导航栏相应的链接标记中，具体代码如下。

```
<nav class="navbar navbar-expand-lg navbar-dark navbar-text">
    <div class="container-fluid p-2">
        <a class="navbar-brand" href="#">
            <img src="./img/logo.png"  width="60" class="d-inline-block">
            <span class="fs-4">凌雪冰熊</span>
        </a>
        <button class="navbar-toggler" type="button"
            data-bs-toggle="collapse"
            data-bs-target="#navbarSupportedContent"
            aria-controls="navbarSupportedContent"
            aria-expanded="false"
            aria-label="Toggle navigation">
            <span class="navbar-toggler-icon"></span>
        </button>
        <div class="collapse navbar-collapse" id="navbarSupportedContent">
            <ul class="navbar-nav me-auto mb-2 mb-lg-0 fs-5">
                <li class="nav-item">
                    <a class="nav-link" href="./index.htm">首页</a>
                </li>
                <li class="nav-item">
                    <a class="nav-link" href="./news.htm">新闻活动</a>
                </li>
                <li class="nav-item">
                    <a class="nav-link" href="./show.htm">产品展示</a>
                </li>
                <li class="nav-item">
                    <a class="nav-link active" aria-current="page"
                        href="./join.htm">
                        申请加盟
                    </a>
                </li>
                <li class="nav-item dropdown">
                    <a class="nav-link dropdown-toggle"
```

```
                          href="#" id="navbarDropdown"
                          role="button" data-bs-toggle="dropdown"
                          aria-expanded="false">
                          更多信息
                      </a>
                      <ul id="dropdown-menu"
                          class="dropdown-menu"
                          aria-labelledby="navbarDropdown">
                          <li><a class="dropdown-item" href="#">企业文化</a></li>
                          <li><a class="dropdown-item" href="#">企业荣誉</a></li>
                          <li><a class="dropdown-item" href="#">企业历程</a></li>
                      </ul>
                  </li>
              </ul>
              <form class="d-flex">
                  <input class="form-control" type="search"
                      placeholder="搜索关键字" aria-label="Search">
                  <button class="btn btn-outline-success" type="submit">
                      <i class="fa fa-search fa-lg"></i>
                  </button>
              </form>
          </div>
      </div>
  </nav>
```

（3）回到之前的命令行终端，并在项目的根目录下通过执行以下命令完成本项目的第一次版本控制操作。

```
git init
git add .
git commit -m "项目 5：完成申请加盟页的创建"
```

第 2 步：完成新页面的图文排版

在这一步中，主要任务如下。

先使用 HTML 中的图文类标记填充委托方提供的"凌雪冰熊加盟申请须知"文档并对其进行排版，再为潜在合作伙伴提供申请加盟的入口，以便打开提交申请的用户界面。为此，要进行以下操作。

（1）使用 Visual Studio Code 编辑器回到 join.htm 文件中，找到<!-- 在此处填充网页的主体内容 -->这一行注释，并将其替换为以下代码。

```
<section class="container">
    <div class="text-bg-light p-3 rounded">
        <h2 class="p-2">凌雪冰熊门店加盟须知</h2>
        <h3 class="p-3">一、加盟简介</h3>
        <p  class="px-4">
            凌雪冰熊饮料店是一家致力于提供高品质、健康、美味的饮品服务的连锁品牌。我们拥有一支经验丰
            富的团队，致力于为消费者提供优质的饮品和服务。为了进一步拓展我们的业务，我们现在邀请有志
            之士加入我们这个大家庭。
        </p>
```

```
    <h3  class="p-3">二、加盟条件</h3>
    <ol class="m-3">
        <li>
        申请人须年满 18 周岁，具备独立的民事责任能力，具有良好的商业信誉和道德品质。
        </li>
        <li>
        申请人须具备相应的资金实力，能够承担加盟店的开业及运营所需费用。
        </li>
        <li>
        申请人须具备相应的管理能力、营销能力和团队协作能力，能够全身心投入加盟店的运营和管理中。
        </li>
        <li>
        申请人须遵守国家法律法规和商业道德，严格遵守凌雪冰熊饮料店的加盟规定，保持良好的商业形象
        和品牌形象。
        </li>
    </ol>
    <h3 class="p-3">三、加盟流程</h3>
    <ol  class="m-3">
        <li>
        提交申请：申请人可通过官方网站或线下门店提交加盟申请，填写相关申请表格，并提交个人资料。
        </li>
        <li>
        初步审核：凌雪冰熊饮料店将对申请人的资料进行初步审核，符合条件的申请人将进入下一步审核环
        节。
        </li>
        <li>
        面谈：通过初步审核的申请人将受邀到凌雪冰熊饮料店总部进行面谈，了解加盟详情。
        </li>
        <li>
        现场学习：经过面谈的申请人将被安排到直营门店或已加盟门店，以了解运营情况、管理流程等。
        </li>
        <li>
        签订合同：经过现场学习的申请人可与凌雪冰熊饮料店签订加盟合同，正式成为我们的加盟商。
        </li>
        <li>
        培训与支持：加盟商将接受全面的培训和支持，包括技术培训、管理培训、营销培训等，以确保顺利
        开业和持续运营。
        </li>
        <li>
        开业筹备：加盟商根据总部提供的方案进行开业筹备，包括选址、装修、设备采购等。
        </li>
        <li>
        开业与后续支持：加盟店正式开业后，凌雪冰熊连锁饮料店将持续提供支持和服务，确保加盟商的经
        营顺利。
        </li>
    </ol>
</div>
<div id="joinWebUI" class="mt-2">
    <a class="btn btn-primary" data-bs-toggle="collapse"
```

```
            href="#joinForm" role="button" aria-expanded="false"
            aria-controls="collapseExample">
            我已了解情况，现在想要加盟
        </a>
        <div class="collapse" id="joinForm">
            <!-- 在此处填充表单元素 -->
        </div>
    </div>
</section>
```

（2）保存上述代码，使用网页浏览器打开 join.htm 文件，查看当前网页设计的效果，其如图 5-6 所示。

▲图 5-6　"申请加盟"页的图文排版效果

（3）回到之前的命令行终端，在项目的根目录下通过执行以下命令完成本项目的第二次版本控制操作。

```
git add .
git commit -m "项目 5：完成"申请加盟"页的图文排版"
```

第 3 步：添加用于提交申请的界面

在这一步中，主要任务是使用 HTML 中的表单及其子标记创建用于提交申请的用户界面，并利用 Bootstrap 框架提供的样式类完成该用户界面的设计工作。为此，要执行以下操作。

（1）使用 Visual Studio Code 编辑器回到 join.htm 文件中，找到<!-- 在此处填充表单元素 -->这一行注释，并将其替换为以下代码。

```html
<form method="post" action="http://example.com/api"
    class="text-bg-light border rounded p-3 mt-2">
    <h4 class="p-2">凌雪冰熊门店加盟申请表</h4>
    <fieldset class="form-group border border-1 my-2 p-3">
        <legend class="w-auto fs-5">
            申请人信息：
        </legend>
        <div class="row p-1">
            <div class="col-3">
                <input type="text" class="form-control"
                    name="firstname" id="firstname"
                    placeholder="姓">
            </div>
            <div class="col-3">
                <input type="text" class="form-control"
                    name="lastname" id="lastname"
                    placeholder="名">
            </div>
            <div class="col-6">
                <input type="date" name="birthday" class="form-control">
            </div>
        </div>
        <div class="row p-1">
            <div class="col-6">
                <label for="email" class="form-label mx-2">
                    电子邮箱：
                </label>
                <input type="email" name="email" class="form-control"
                    placeholder="例如: message@snowbear.com">
            </div>
            <div class="col-6">
                <label for="phone" class="form-label mx-2">
                    电话号码：
                </label>
                <input type="text" name="phone" class="form-control"
                    placeholder="例如: 0123456789">
            </div>
        </div>
        <div class="row p-1">
            <label for="textarea" class="col-form-label col-12">
                个人描述：
            </label>
```

```
                    <textarea name="textarea" class="form-control m-2"
                        rows="5"></textarea>
                </div>
        </fieldset>
        <fieldset class="form-group border border-1 my-2 p-3">
            <legend class="w-auto fs-5">
                门店信息：
            </legend>
            <div class="row p-1">
                <div class="col-6">
                    <label for="city" class="form-label">城市：</label>
                    <input type="text" class="form-control"
                        name="city" id="city">
                </div>
                <div class="col-4">
                    <label for="state" class="form-label">国家：</label>
                    <input type="text" class="form-control"
                        name="state" id="state">
                </div>
                <div class="col-2">
                    <label for="zipcode" class="form-label">邮编：</label>
                    <input type="text" class="form-control"
                        name="zipcode" id="zipcode">
                </div>
            </div>
            <div class="row p-1">
                <label for="address" class="col-form-label col-12">
                    具体地址：
                </label>
                <div class="col-12">
                    <input type="text" class="form-control"
                        name="address" id="address"
                        placeholder="请输入详细街道地址">
                </div>
            </div>
            <div class="row p-1">
                <label for="file" class="col-form-label col-12">
                    上传门店正面照：
                </label>
                <input type="file" name="file" class="form-control m-2">
            </div>
        </fieldset>
        <div class="d-flex gap-4 m-2">
            <button type="submit" class="btn btn-primary">提交申请</button>
            <button type="reset" class="btn btn-danger">重置信息</button>
    </div>
</div>
</form>
```

（2）保存上述代码，使用网页浏览器打开 join.htm 文件，单击页面中有"我已了解情况，现在想要加盟"字样的按钮，即可查看当前网页设计的效果，如图 5-7 所示。

▲图 5-7　当前网页设计的效果

（3）回到之前的命令行终端，在项目的根目录下通过执行以下命令完成本项目的第三次版本控制操作。

```
git add .
git commit -m "项目 5：完成申请加盟页的设计"
```

【拓展知识】

到目前为止，本书演示的都是以 HTML5 与 CSS3 为主要工具的静态网页设计技术，这些技术在传统的网页设计领域中是够用的。然而，要设计 Web 应用程序的用户界面，必须赋予网页更多的交互能力（如表单验证功能），就需要用到 Bootstrap 框架中的专用交互组件。下面介绍其他具有交互功能的 Bootstrap 组件及其使用方法。

知识点：Bootstrap 框架中的交互组件

除了表单元素之外，Bootstrap 还提供了一些具有专用功能的交互组件。这些组件可以用来构建更加复杂的用户界面。

对于表单元素或页面其他元素中放置的按钮元素,设计师可以考虑使用 Bootstrap 框架提供的按钮组件来进行辅助设计。当然,这个组件在之前的项目中已经使用过,这里只对其进行正式介绍。以下是关于该组件的简单使用示例。

```
<button type="button" class="btn btn-primary">Primary</button>
<button type="button" class="btn btn-secondary">Secondary</button>
<button type="button" class="btn btn-success">Success</button>
<button type="button" class="btn btn-danger">Danger</button>
<button type="button" class="btn btn-warning">Warning</button>
<button type="button" class="btn btn-info">Info</button>
<button type="button" class="btn btn-light">Light</button>
<button type="button" class="btn btn-dark">Dark</button>
<button type="button" class="btn btn-link">Link</button>
```

上述代码实现的效果如图 5-8 所示。

▲图 5-8　Bootstrap 按钮组件的效果

接下来结合上述示例介绍与按钮组件相关的样式类及其使用方法。

btn 样式类通常作用于<button>或<a>标记,效果是将该标记定义的元素设置为按钮组件,并赋予其默认样式。在设置按钮组件时,要注意以下事项。

- 如果想改变按钮组件的默认配色,则需要在 btn 样式类后面添加 btn-primary、btn-secondary、btn-success、btn-danger、btn-warning、btn-info、btn-light 或 btn-dark 样式类中的一个。
- 如果要将组件设置为链接样式,则需要在 btn 样式类后面添加 btn-link 样式类。

如果读者想在页面中设置类似于桌面应用程序中的下拉菜单,则可以使用 Bootstrap 框架提供的下拉菜单组件来进行辅助设计。以下是关于该组件的一个简单的示例。

```
<div class="dropdown">
    <button class="btn btn-secondary dropdown-toggle" type="button"
        id="dropdownMenuButton1" data-bs-toggle="dropdown"
        aria-expanded="false">
        下拉菜单的按钮元素
    </button>
    <ul class="dropdown-menu" aria-labelledby="dropdownMenuButton1">
        <li><a class="dropdown-item" href="#">菜单项 1</a></li>
        <li><a class="dropdown-item" href="#">菜单项 2</a></li>
        <li><a class="dropdown-item" href="#">菜单项 3</a></li>
    </ul>
</div>
```

上述代码实现的下拉菜单的效果如图 5-9 所示。

接下来结合上述示例介绍下拉菜单组件的使用方法以及相关的样式类。

`dropdown` 样式类通常作用于一个 `<div>` 标记，效果是将该标记定义的元素设置为一个下拉菜单组件。

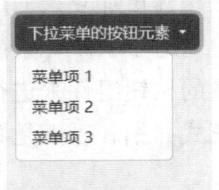

▲图 5-9 下拉菜单的效果

`dropdown-toggle` 样式类是 `dropdown` 样式类的次级样式类，通常作用于被设置了 `dropdown` 样式类的 `<div>` 标记内的 `<button>` 或 `<a>` 标记，效果是将该标记定义的元素设置为一个下拉菜单组件的控制按钮，以便控制下拉菜单组件的显示与隐藏。

`dropdown-menu` 样式类是 `dropdown` 样式类的次级样式类，通常作用于被设置了 `dropdown` 样式类的 `<div>` 标记内的 `<ul>` 标记，效果是将该标记定义的元素设置为一个下拉菜单组件的菜单部分，以便放置该组件中的具体菜单项。

`dropdown-item` 样式类是 `dropdown-menu` 样式类的次级样式类，通常作用于被设置了 `dropdown-menu` 样式类的 `<ul>` 标记内的 `<li>` 标记，效果是将该标记定义的元素设置为一个下拉菜单组件中的菜单项，以便用于放置这些菜单项中的具体链接。

如果读者想在页面中设置一个显示某个操作过程的进度条，则可以使用 Bootstrap 框架提供的进度条组件来进行辅助设计。以下是关于该组件的一个简单的示例。

```
<div class="progress">
    <div class="progress-bar" role="progressbar" aria-valuemin="0"
        aria-valuemax="100" style="width: 25%;">
        25%
    </div>
</div>
```

上述代码实现的进度条的效果如图 5-10 所示。

▲图 5-10 进度条的效果

接下来结合上述示例介绍该组件的使用方法以及相关的样式类。

`progress` 样式类通常作用于一个 `<div>` 标记，效果是将该标记定义的元素设置为一个进度条组件。

`progress-bar` 样式类是 `progress` 样式类的次级样式类，通常作用于被设置了 `progress` 样式类的 `<div>` 标记内的第一级 `<div>` 标记，效果是将该标记定义的元素设置为进度条的本体部分。在设置这部分样式时，将该 `<div>` 标记的 `role` 属性设置为 `progressbar`，将 `aria-valuemin` 属性设置为 0，将 `aria-valuemax` 属性设置为 100，并将 `style` 属性设置为 `width: 25%;`，以实现在进度条上显示 25%的效果。

注意，这里介绍的只是笔者在实践中常用到的 Bootstrap 组件及其基本使用方法，如果读者想知道更详细的资料，则可以访问 Bootstrap 官方网站。

【作业】

有一家名为"白熊前端"的程序员培训机构，刚刚完成了其官方网站的首页设计，现在希望你根据首页的设计风格，继续为该网站设计课程报名页，以便用户可以从线上选择参加指定的课程培训，并购买与课程相关的教材。

- **项目名**：白熊前端网站的"课程报名"页设计。
- **委托方**：创始人林宇一。
- **项目资料如下**。
  - **代码资料**：设计白熊前端官方网站现有的源代码。
  - **文献资料**：白熊前端的"课程报名须知"文稿。
- **项目要求**：为白熊前端的官方网站设计"课程报名"页，该网页的设计应符合以下要求。
  - 为"课程报名须知"文稿提供可读性良好的排版设计；
  - 为用户提供操作体验良好的、用于提交课程报名申请的用户界面；
  - 采用与网站首页一致的布局风格与配色方案；
  - 配备导航栏，以便用户能自由跳转到已经完成且后续要设计的网页。
- **时间要求**：在 3 个工作日内完成。

【作业评价】

序号	评测内容	评分标准	分值	得分
1	图文信息的呈现	网页中呈现了客户提供的图文信息	20	
2	图文信息的排版	网页中的图文信息实现了可读性良好的排版	20	
3	用户界面设计	网页中提供了用于提交课程报名申请的用户界面	30	
4	用户体验	网页中提供的用户界面在主流浏览器中有良好的操作体验	30	

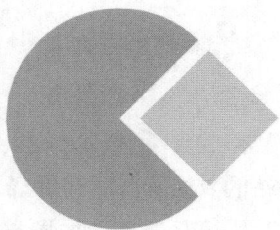

附　　录　Git

在说明什么是 Git 之前，我们需要介绍版本控制（version control）。一般情况下，源代码是在时间和空间两个维度上进行管理并维护的，代码本身以及组织代码的项目文件（如 makefile）都是以文件和目录的形式存储在磁盘空间中的。然而，用户在不同时间段里做出的各种修改应该怎么管理呢？版本控制系统（Version Control System，VCS）就是一种记录代码修改演化的系统，其功能就是方便用户今后找回某个特定时期（或版本）的文件、查看版本之间发生了哪些变化、对变化进行比较或者修正致命的错误。版本控制系统主要经历了以下发展历程。

（1）**本地版本控制系统（Local Version Control System）**：本地化的版本控制系统，没有网络协作等较先进的版本控制的概念。

（2）**集中式版本控制系统（Centralized Version Control System）**：一种部署了一台中央服务器的版本控制系统。它在很长一段时间内是人们使用的主流版本控制系统，其中并发版本系统（Concurrent Versions System，CVS）与 SVN（即 Subversion）为其典型代表。

（3）**分布式版本控制系统（Distributed Version Control System）**：避免了集中式版本控制系统中单点失败造成的巨大损失，让每一台客户端在每一次结束操作后都完全镜像整个版本控制中的项目。在分布式版本控制系统中，任何一台机器都可以视为版本控制服务器。即使一台服务器失去服务能力，其他机器与系统也可以继续协作以维持版本控制系统的正常运转。Git 就是分布式版本控制系统。

Git 与其他主流的 VCS 最大的区别就是，在项目版本更新的过程中，Git 记录的并非基于初始文件的变化数据，而通过一系列快照保存并记录每个文件。如果有些文件在版本更新后没有发生任何变化，那么在新的版本中它会是一个指向最近一次更新的文件版本的链接。此外，Git 几乎所有的操作都是在本地进行的，所以没有了"延迟"，几乎所有的操作都是瞬间完成的。例如，当用户想要查看项目历史时，不需要特地去服务器上抓取历史记录，直接在本地浏览即可。这意味着，人们可以在本地对比两个不同版本的文件的差别，可以在本地查看哪些人修改与更新了指定文件……几乎完全本地化的操作让这种场景成为可能：如果有人由于没有网络连接条件但是必须抓紧时间对自己的项目进行修改与开发，同时需要使用版本管理系统记录每次提交的历史，可以使用 Git。

Git 使用 SHA-1 Hash 算法加密生成的 40 位字符串（而不是文件名）来记录项目中的内容。其格式如下。

```
??6bafcdc09f3d6d416f6572f82082987a486d3098
```

Git 中的文件主要会处于以下 3 种状态。

- Committed：文件或数据已经安全地存放在 Git 本地数据库中。
- Modified：文件或数据已经修改但是尚未提交到数据库。
- Staged：文件或数据已被标记要放入下一次提交中。

这样的机制使 Git 的镜像由以下 3 部分组成（这里假设有一个项目名为 git-repo）。

- Git directory：存放项目中所有元数据及对象的位置（位于 git-repo/.git/）。
- Working directory：从 Git 项目数据库中拆分出的一个单独的（默认情况下是最新的）项目版本，用于对指定项目版本中的文件进行修改和编辑（位于 git-repo/）。
- Staging area：存放在 Git directory 中的一个简单文件，其中存放下一次需要提交的文件的信息（位于 git-repo/.git/）。

A.1　安装与配置

Git 可以安装在各种操作系统中。下面以 Windows 操作系统为例介绍其安装与配置方法，使用其他操作系统的用户可以查找 GitHub 上的帮助内容。在 Windows 操作系统中安装 Git 非常简单，只要依次完成以下操作即可。

（1）从 Google 网站下载 msysgit 并安装。安装时一般只需要保留默认选项。注意，不要使用 putty 作为客户端，GitHub 只支持 OpenSSH。

（2）配置 OpenSSH 的 SSH Key，在用户目录（Windows 操作系统中通常是 C:\Users，其他操作系统中通常是 /home/）下，如果已经存在 SSH 的配置，则会存在一个 .ssh 目录（隐藏目录），目录下会存在两个文件（id_rsa 和 id_rsa.pub），将其备份，并生成新的文件，这里的命令序列如下。

```
$ ssh-keygen -t rsa -C "<your_mail_addr@yourmail.com>"
Enter file in which to save the key (~/.ssh/id_rsa):
Enter passphrase (empty for no passphrase):<此处需要为其指定一个密码>
Enter same passphrase again:<重复一遍密码>
Your identification has been saved in ~/.ssh/id_rsa.
Your public key has been saved in ~/.ssh/id_rsa.pub.
The key fingerprint is:
    e8:ae:60:8f:38:c2:98:1d:6d:84:60:8c:9e:dd:47:81 <your_mail_addr@yourmail.com>
```

（3）将 Public Key 添加到需要提交的服务器中（这里以 GitHub 为例，对于其他服务器，可联系相关管理员），打开 GitHub，选择 SSH Public Key，选择 Add another public key 选项，将 Public Key（id_rsa.pub）的内容复制到 GitHub 中。

（4）测试配置是否成功，并输入如下命令序列。

```
$ ssh git@github.com
ERROR: Hi <your_username> You've successfully authenticated, but GitHub does not prov
ide shell access Connection to github.com closed.
```

若能看到以上信息，则表示操作成功。

A.2　本地基本操作

首先，将项目初始化为一个 Git 仓库（repository）。如果目标是一个新项目，则可以通过在命令行中运行以下命令创建一个项目仓库。

```
mkdir test
cd test
git init
```

此时，test 目录下会出现 .git 目录，该目录下会有一个 config 文件，它的内容如下。

```
[core]
    repositoryformatversion = 0
    filemode = true
    bare = false
    logallrefupdates = true
```

可以在其中添加自己的用户信息（注意，该信息必须与配置 SSH 时的信息一致）。

```
[user]
    name = <your_username>
    email = <your_mail_addr@yourmail.com>
```

当然，更好的选择是使用 Git 命令配置用户信息，这需要在运行 git init 命令初始化项目仓库之前运行以下命令。

```
git config -global user.name "your_username"
git config -global user.email "your_mail_addr@yourmail.com"
```

另外，如果目标是一个已经存在的项目（假设该项目位于 existing_git_repo 目录中），那么可以通过运行以下命令将其初始化为 Git 仓库。

```
cd existing_git_repo
git init
```

在建立项目仓库之后，学习一些基本的 Git 操作。首先，学习 git status 命令的用法。该命令用于查看目前 Git 仓库的状态，在使用 Git 的过程中，将会反复使用该命令。

```
$ git status
# On branch master
#
# Initial commit
#
nothing to commit (create/copy files and use "git add" to track)
```

git status 命令给出了相当详细的信息。它首先给出的是 Git 的分支（branch）状态信息。此后，该命令会提示现在还没有内容提交到镜像中。这里，建议先使用 git add 命令对文件进行追踪。

接下来介绍 `git add` 命令的用法。现在假设编写了一个 helloworld 程序，该程序的代码保存在一个名为 hello.js 的文件中。如果希望将这个文件纳入 Git 版本控制系统中，则只需要运行以下命令。

```
$ git add hello.js
```

这样就将 hello.js 加入当前项目的 Git 仓库中。此时，如果再次使用 `git status` 命令查看仓库状态，则会看到以下输出信息。

```
$ git status
# On branch master
#
# Initial commit
#
# Changes to be committed:
# (use "git rm -cached …" to unstage)
#
# new file: hello.js
#
```

在上述输出信息中，`Changes to be committed` 表示新增的文件目前处于 staged 状态。接下来，我们可以根据自己的需要选择提交 hello.js。如果出现误操作，该文件不应当提交，也可以选择通过执行 `git rm -cached` 命令取消它的 Staged 状态（可以发现状态信息给出了精确的提示）。现在，运行 `git commit` 命令提交 hello.js。

```
$ git commit
```

此时，会出现一个带状态信息的文本供用户编辑（使用哪种编辑器取决于对 Git 的配置），在以"#"开头的注释行下输入一些文本，用于注释此次提交，以便其他代码协作者的维护与理解。当然，也可以通过命令参数-m 直接输入注释内容，加快提交速度。

```
$ git commit -m "comment here"
```

至此，hello.js 文件已经处于 Tracked 状态。假设在代码中发现了一个小错误，如一个循环的条件写错了，那么针对文件进行修改。在保存修改之后，当再次在项目仓库中运行 `git status` 命令的时候，会看到以下输出信息。

```
# On branch master
# Changed but not updated:
# (use "git add …" to update what will be committed)# (use "git che ckout − …"
#  to discard changes in working directory)
#
# modified: hello.js
# no changes added to commit (use "git add" and/or "git commit -a")
```

上述信息显示，hello.js 修改过了，如果要提交，则需要再次运行 `git add` 命令重新添加该文件，或者运行 `git commit -a` 命令，跳过添加该文件的步骤，直接提交。如果读

者想撤销对 `hello.js` 的修改，则可以运行 `git checkout` 命令。这里，需要运行以下命令。

```
$ git checkout - hello.js
```

另外，如果想撤销之前的更改，则可以运行 `git reset` 命令。

```
$ git reset HEAD hello.js
$ git status
# On branch master
# Untracked files:
# (use "git add …" to include in what will be committed)
#
# hello.js

nothing added to commit but untracked files present (use "git add" to track)
```

如果需要修改 README.txt（通常是项目的自述文件）的文件名（记得在 Git 的镜像中进行版本控制管理，不要直接运行 UNIX-mv 或者 rm 命令来对 Git 镜像中的文件进行普通的文件操作），这里应该运行 `git mv` 命令。

```
$ git mv README.txt tutorial.txt
$ git status
# On branch master
# Changes to be committed:
# (use "git reset HEAD …" to unstage)
#
# renamed: README.txt -> tutorial.txt
#
$ git commit -a -m "renamed a file"
[master 55ce30d] renamed a file
1 files changed, 0 insertions(+), 0 deletions(-)
rename README.txt => tutorial.txt (100%)
```

可以看到，在提交变更后，README.txt 在文件系统以及 Git 镜像中都被成功地重命名为 tutorial.txt。同样地，可以撤销对该文件的重命名。如果不再需要 tutorial.txt 文件，则可以将其从 Git 镜像中删除。从 Git 中删除文件的命令是 `git rm`。

```
$ git rm tutorial.txt
rm 'tutorial.txt'
$ git status
# On branch master
# Changes to be committed:
# (use "git reset HEAD …" to unstage)
#
# deleted: tutorial.txt
#
$ git commit -a -m " deleted a file"
[master 7d81981] deleted a file
1 files changed, 0 insertions(+), 1 deletions(-)
delete mode 100644 tutorial.txt
```

　　正如之前所提到的那样，这些操作都是可以恢复的，因为 Git 是版本控制系统，所以会有一套版本历史管理机制。例如，可以运行 git log 命令来查看 Git 仓库的提交历史。

```
$ git log
commit 7d819818530ce89322019ba5000723c973eb0420
Author: ghosTM55
Date: Sun Mar 14 15:26:22 2010 +0800

deleted a file

commit 55ce30d88fb5c81d20bdf86e2034053613fed632
Author: ghosTM55
Date: Sun Mar 14 15:11:39 2010 +0800
renamed a file
commit 2ed9f1f9bd1a7561cd7e57dcdbd7f2cda54668fb
Author: ghosTM55
Date: Sun Mar 14 14:58:11 2010 +0800
a little change
```

　　从上述输出信息中，可以清楚地看到 Git 详细记录了每次提交的信息（checksum 值、提交者信息、提交时间）。

　　下面简单介绍 Git 的分支管理。同样地，Git 的分支操作非常简单和方便。例如，可以通过执行 git branch 命令查看当前项目的仓库中存在多少分支。

```
$ git branch
* master
test
```

　　从上述输出信息中，可以清楚地看到当前项目仓库中存在 master 和 test 这两个分支，带*的是当前分支（可以运行 git checkout test 命令将当前分支切换到 test）。如果要为项目添加一个分支，则可以运行以下命令。

```
$ git branch new
$ git branch
* master
new
test
```

　　这样，当再次运行 git branch 命令时就会看到分支 new 已经添加到当前项目的仓库中。现在，如果要删除这个分支，则可以运行以下命令。

```
$ git branch -d new
Deleted branch new (was 63c0da1).
$ git branch
* master
test
```

　　如果再次运行 git branch 命令，则会看到 new 分支已不在项目仓库中了。

A.3 远程基本操作

要参与任何一个 Git 项目的协作，必须了解该如何管理远程仓库。远程仓库是指托管在网络中的项目仓库，可能会有多个，其中有些只能读取，有些可以写入。当同他人协作开发某个项目时，需要管理这些远程仓库，以便推送或拉取数据，分享各自的工作进展。管理远程仓库的工作包括查看当前远程库、添加远程库、从远程库抓取数据、推送数据到远程库、查看远程仓库的信息等。下面将讨论远程库的管理和使用。

A.3.1 查看当前远程库

要查看当前配置中有哪些远程仓库，可以运行 `git remote` 命令，它会列出每个远程库的简短名称。在复制某个项目后，至少可以看到一个名为 origin 的远程库，Git 默认使用这个名称来标识复制的原始仓库。

```
$ git clone git://github.com/schacon/ticgit.git
Initialized empty Git repository in /private/tmp/ticgit/.git/
remote: Counting objects: 595, done.
remote: Compressing objects: 100% (269/269), done.
remote: Total 595 (delta 255), reused 589 (delta 253)
Receiving objects: 100% (595/595), 73.31 KiB | 1 KiB/s, done.
Resolving deltas: 100% (255/255), done.
$ cd ticgit
$ git remote
origin
```

若加上 -v（–verbose 的简写）选项，可以显示对应的复制地址。

```
$ git remote -v
origin    git://github.com/schacon/ticgit.git
```

如果有多个远程仓库，则此命令会将其全部列出。例如，在笔者所有的 Grit 项目中，可以看到：

```
$ cd grit
$ git remote -v
bakkdoor git://github.com/bakkdoor/grit.git
cho45 git://github.com/cho45/grit.git
defunkt git://github.com/defunkt/grit.git
koke git://github.com/koke/grit.git
origin git@github.com:mojombo/grit.git
```

这样，就可以非常轻松地从这些用户的仓库中拉取数据并提交到本地。注意，上面列出的地址只有 origin 使用的是 SSH URL 链接，所以只能推送这个仓库。

A.3.2 添加远程仓库

要添加一个新的远程仓库，可以先为其指定一个简单的名称，再运行 `git remote add` 命令。

```
$ git remote
origin
$ git remote add pb git://github.com/paulboone/ticgit.git
$ git remote -v
origin    git://github.com/schacon/ticgit.git
pb    git://github.com/paulboone/ticgit.git
```

现在可以使用字符串 pb 指代对应的仓库地址了。例如，要抓取所有 Paul 中存在但本地仓库中不存在的信息，可以运行 git fetch pb 命令。

```
$ git fetch pb
remote: Counting objects: 58, done.
remote: Compressing objects: 100% (41/41), done.
remote: Total 44 (delta 24), reused 1 (delta 0)
Unpacking objects: 100% (44/44), done.
From git://github.com/paulboone/ticgit
 * [new branch] master -> pb/master
 * [new branch] ticgit -> pb/ticgit
```

现在，Paul 的主干（master）分支已经完全可以在本地访问了，其对应的名称是 pb/master，可以将它合并到用户的某个分支，或者切换到这个分支，以查看有无更新。

A.3.3　从远程仓库抓取数据

正如之前所看到的，可以运行以下命令从远程仓库抓取数据到本地。

```
$ git fetch [remote-name]
```

此命令会从远程仓库中拉取本地仓库中没有的所有数据。命令运行完成后，用户就可以在本地访问该远程仓库中的所有分支，将其中某个分支合并到本地，或者只取出某个分支。

如果复制了一个仓库，则此命令会自动将远程仓库归于 origin 名下。git fetch origin 命令会抓取从用户上次复制以来他人上传到此远程仓库中的所有更新（或者上次抓取数据以来他人提交的更新）。需要记住的是，fetch 命令只将远端的数据抓取到本地仓库，并不将数据自动合并到当前工作分支。

先创建远程仓库，再运行 git remote add <仓库名> <仓库 url]>，git fetch<远程仓库名>命令，即可把远程仓库的数据抓取到本地，再运行 git merge remotes/<仓库名>/master 命令就可以将远程仓库合并到本地当前分支。这种分支方式比较适合独立-整合开发，即分别开发、测试之后，再整合在一起。

在运行 git init 命令时，可以使用-bare 选项指定一个空仓库，这会初始化一个不包含工作目录的仓库。

```
$ cd /opt/git
$ mkdir project.git
$ cd project.git
$ git -bare init
```

如果某个分支用于跟踪某个远端仓库的分支，则可以运行 git pull 命令自动抓取数据，再将远端分支自动合并到本地仓库的当前分支中。默认情况下，`git clone` 命令自动创建本地的 `master` 分支，用于跟踪远程仓库中的 `master` 分支（假设远程仓库确实有 `master` 分支）。在运行 `git pull` 命令时，目的都是从最初复制的远端仓库中抓取数据后，将其合并到工作目录中的当前分支下。

A.3.4　推送数据到远程仓库

如果项目进行到一个阶段，要同他人分享目前的成果，可以将本地仓库中的数据推送到远程仓库。实现这个任务的命令是 `git push`。如果要把本地的 `master` 分支推送到 `origin` 服务器上，则可以运行以下命令。

```
$ git push origin master
```

只有在复制的服务器上有写权限或者同一时刻没有其他人在推送数据时，这条命令才会如期完成任务。如果在某人推送数据前，其他人已经推送了若干更新，则其推送操作会被驳回。

A.3.5　查看远程仓库的信息

可以通过运行 `git remote show` 命令查看某个远程仓库的详细信息，例如，要查看复制的 `origin` 仓库，可以运行以下命令。

```
$ git remote show origin
* remote origin
URL: git://github.com/schacon/ticgit.git
Remote branch merged with 'git pull' while on branch master
master
Tracked remote branches
master
ticgit
```

除了对应的复制地址外，**Git** 还给出了许多额外信息。在实际使用过程中，`git remote show` 命令给出的信息可能如下。

```
$ git remote show origin
* remote origin
URL: git@github.com:defunkt/github.git
Remote branch merged with 'git pull' while on branch issues
issues
Remote branch merged with 'git pull' while on branch master
master
New remote branches (next fetch will store in remotes/origin)
caching
Stale tracking branches (use 'git remote prune')
libwalker
walker2
Tracked remote branches
acl
apiv2
dashboard2
```

```
issues
master
postgres
Local branch pushed with 'git push'
master:master
```

从上述信息可得出运行 `git push` 命令时默认推送的分支是什么（master）。其中显示了有哪些远端分支（caching 分支）没有同步到本地，哪些同步到本地的远端分支（Stale tracking branches 下面的两个分支）在远端服务器上已被删除，以及运行 git pull 命令时将自动合并哪些分支（issues 和 master 分支）。此命令也可以用于查看到本地分支和远程仓库分支的对应关系。

A.3.6 远程仓库的删除和重命名

在新版 **Git** 中，运行 `git remote rename` 命令可以重命名远程仓库。例如，若要把 pb 改成 paul，则可以运行以下命令。

```
$ git remote rename pb paul
$ git remote
origin
paul
```

注意，对远程仓库的重命名会使对应的分支名称发生变化，原来的 pb/master 分支现在变成 paul/master。若远端仓库服务器迁移，或者原来的镜像副本不再使用，或者某个参与者不再贡献代码，需要移除对应的远端仓库，可以运行 `git remote rm` 命令。

```
$ git remote rm paul
$ git remote
Origin
```